Mario Junkes

Sagen und Legenden aus Bayern

Impressum

Mario Junkes
Sagen und Legenden aus Bayern

1. Auflage 2024

ein Imprint der Kraterleuchten GmbH,
Gartenstraße 3, 54550 Daun

Verlagsleitung: Sven Nieder

Lektorat: Bruno Hof
Korrektorat: Tim Becker

Titelbild: iStock.com/Wirestock
Illustration: iStock.com/VeraPetruk
Gestaltung Umschlag: Björn Pollmeyer
Innensatz: Kerstin Fiebig

Hergestellt in der Europäischen Union, Finidr, CZ

FSC www.fsc.org MIX Papier aus verantwortungsvollen Quellen FSC® C014138

ISBN 978-3-95540-391-1 (print)
ISBN 978-3-95540-516-8 (e-Book)

www.regionalia-verlag.de

Mario Junkes

Sagen & Legenden aus Bayern

REGIONALIA
VERLAG

Inhalt

Bayern. Traditionell anders.

Liebe lesende Menschen,

willkommen zur nächsten Reise durch die Welt der Sagen und Legenden, die uns heute in den Freistaat Bayern führt. Ihr Autor durfte wieder nach Herzenslust in der großen deutschen Sagenschatzkiste stöbern und hat aus allen sieben Ecken Bayerns eine Auswahl für Sie zusammengestellt. Diese schier überbordende Truhe strotzt vor Geschichte und es bleibt zu hoffen, dass in diesem Band jedem Landesteil Genüge getan wurde.

Ein großer Dank gilt der Bayerischen Staatsbibliothek und der Staatlichen Bibliothek Passau für die Bereitstellung vorzüglicher Digitalisate. Der Volkskundler Franz Xaver von Schönwerth und der Schriftsteller Alexander Schöppner haben mit ihrem Sammeln von Sagen und Legenden eine unschätzbare Arbeit geleistet und den Dank der nachfolgenden Generationen verdient. Der Kollege Horst Dieter Radke hat dem fränkischen Teil Bayerns bereits einen schönen Sagenband gewidmet, den der Regionalia Verlag für Sie bereithält. Ihr geschätzter Autor hat den schwäbischen Teil Bayerns ebenfalls mit einem Band beehrt, von dem im vorliegenden Band der Teil der »Sieben Schwaben« wiedergegeben werden soll, der sich auf bayrischem Boden abspielte.

Für einen Eifeler Jungen war das schier unerschütterliche bayrische Selbstbewusstsein stets ein Mysterium. Es brauchte erst das Erwachsenwerden und den damit verbundenen tieferen Einblick in die Landesgeschichte, der die Groschen fallen ließ. Den Rest besorgten die Bekanntschaften zu den Menschen Bayerns: von den hochqualifizierten Kolleginnen und Kollegen aus dem Übersetzerhandwerk über die Mitarbeiter verschiedener Brauereien (die in des Autors Zeit als Einzelhändler jede Anfrage stets mit »joa, des kriege' mer hin« beantworteten) bis zur freundlichen Gastgeberfamilie Winkler (Pension Hubertus) am Thumsee in Bad Reichenhall. *Mia san mia* – Bayern ist in der Tat traditionell anders.

Schön, dass Sie da sind. Bleiben Sie gesund.

Trier, im September 2022
Ihr Mario Junkes

I.

Legenden von Karl dem Großen und andere altbayrische Sagen

Karl der Große, sein Leben und sein Wirken ließen über die Jahrhunderte zahlreiche Sagen entstehen. Sehr bekannt und oft genug abgedruckt ist zum Beispiel der Karlszyklus mit dem Rolandslied. Wie bei vielen dominanten Herrschern wurde zudem viele Sagen zu einem Palimpsest: Die Namen der von der Zeit überholten, nicht mehr ganz so mächtigen Figuren verschwanden – und ein neuer Wein füllte alte Schläuche.

Kaiser Karls Name fand außerdem – so wie auch die Eigennamen Caesar und Augustus zu Herrschertiteln geworden waren – Eingang in viele slawische Sprachen als Bezeichnung für König: korol im Russischen, król im Polnischen, král im Tschechischen, sowie kralj im Serbischen, Kroatischen und Slowenischen.

Karl der Große galt als Idealherrscher. Seine Verklärung ist die Suche der Menschen nach einem starken Mann. In späteren Jahrhunderten würden weitere starke Männer folgen. Je erfolgreicher sie waren – lies: je grausamer sie das eigene Volk und/oder die Nachbarn unterdrückten – desto mehr würden sie in die Sagen- und Legendenwelt eingehen:

Dschingis Khan, Vlad III., Heinrich VIII., Ludwig XIV. wurden von ihren Erfolgen nicht nur in die Geschichtsbücher, sondern auch in die Sagenkränze ihrer Länder gespült. Seien wir froh, dass den weniger erfolgreichen Tyrannen diese Ehrung verwehrt bleiben wird. Wir müssen jeden Tag miterleben, was es bedeutet, wenn die vermeintlich starken Männer ihre Muskeln spielen lassen: Sorge, Hunger, Leid und Not, Krieg, tote Menschen und trauernde Familien.

Wir können die Sagen und Legenden von gestern als Mahner sehen, als Zeugen einer Zeit, in der viele Winter oft das Todesurteil für Kranke und Schwache bedeutete – während in den Palästen Überfluss herrschte.

Wir müssen nicht länger Not leiden und wir müssen auch unsere Nachbarn nicht länger Not leiden lassen, damit wir leben können. Wir brauchen keine starken Männer. Jede und jeder von uns besitzt die Stärke, unsere Welt im Licht des Friedens erstrahlen zu lassen.

›Siehe, ich bin die Magd, mir geschehe nach deinem Wort‹

Wie Karl der Große auf der Reismühle am Würmsee geboren ward

Pippin (vor allem früher auch: Pipin) der Jüngere, Sohn Karl Martells und dessen erster Ehefrau Chrodtrud, hatte in den Jahren nach 740 eine Zeit lang auf Burg Weihenstephan bei Freising residiert. Nun war die Zeit gekommen, da er sich zu vermählen gedachte. Also sandte er seinen Hofmeister aus, die Braut abzuholen. Pippins Hofmeister aber war in seinem Herzen ein böser Ritter und schmiedete mit seiner ebenso hartherzigen Frau einen ruchlosen Plan:

Man wollte die fremde Prinzessin töten und statt dieser dem zukünftigen König heimlich die eigene Tochter unterschieben, denn diese sah der Prinzessin sehr ähnlich.

Der Hofmeister führte die fremde Königstochter, begleitet von einem prächtigen Zug, von ihres Vaters Hof fort. Der Abschied war sehr traurig, als hätte die Ärmste geahnt, welch großes Unglück auf sie wartete.

Nach dem letzten Nachtlager vor Burg Weihenstephan schlug der Hofmeister plötzlich einen großen Umweg ein, mitten in die tiefe Wildnis zwischen Ammersee und Würmsee, den man heute natürlich als Starnberger See kennt. In diesem dunklen Wald warteten im Verborgenen, schon ganz ungeduldig, Frau und Tochter des Hofmeisters.

Der nahm in der Nacht unbemerkt die königlichen Gewänder der Prinzessin, auch einen Fingerring, und legte ihr dafür den Anzug seiner Tochter vor ihr Lager. Dann befahl er zweien seiner treuesten Knechte, dass diese, nachdem er in aller Stille abgezogen sei, die Königstochter ungestüm aufwecken sollten. Alsdann solle ihr befohlen werden, sie müsse ihnen ohne Widerrede folgen. Die Knechte taten wie geheißen und

die Königstochter zog mit den beiden, wenn auch mit großem Schrecken. Ihr geliebtes Hündchen folgte ihr.

Als sie nun mitten im finstersten Dickicht waren, gestanden die Knechte der Prinzessin, sie hätten ihrem Herrn schwören müssen, sie zu töten. Wegen ihrer Schönheit und Jugend könnten sie diesen Plan jedoch nicht ausführen. Also brachten als Beweis, dass sie getan hatten, wie ihnen befohlen, dem Hofmeister das blutige Oberkleid der Prinzessin – und die Zunge ihres treuen Hündchens.

Der böse Hofmeister lachte, denn sein Plan war voll aufgegangen. Sobald man den jungen Karolinger Pippin zum König kröne, würde seine Familie zu großen Ehren aufsteigen und alle Geldnot wäre für immer vergessen. Kurze Zeit später wurde die Hochzeit der Hofmeister-Tochter mit Pippin vollzogen.

Die von allem Glück verlassene Königstochter war zwar nun völlig auf sich alleine gestellt – aber immerhin noch am Leben. Nach ein paar Tagen in der Wildnis wurde sie von ihrem Hunger dazu getrieben, die Nähe von Menschen zu suchen. Mit einem Mal traf sie einen Köhler, ob dessen Hässlichkeit sie anfangs sehr erschrak, denn sie hielt ihn für den leibhaftigen bösen Feind, der ihrer Seele nachstelle. Doch dieser Köhler tat ihr nichts zuleide, sondern führte sie zum Müller in der Reismühle bei Gauting, das damals noch als alter Heidenort galt.

Von jenem Tag an diente nun des edlen Königs Tochter dem Müller als einfache Dienstmagd. Sie sagte niemandem, wer sie sei und was mit ihr geschehen war. Mit ihren geschickten Händen ließ sie wunderschönes Kunstwerk aus Gold und Seide entstehen. Dieses nahm der Müller auf ihr Bitten mit zum Markt nach Augsburg und verkaufte es dort fränkischen Handelsleuten. So schwanden Tage und Jahre dahin.

Eines Tages verirrte Pippin – der mittlerweile zum König gekrönt worden war – sich in dem weiten Wald um den Würmsee. Mit ihm waren sein Knecht, sein Arzt und sein Sterndeuter. Der Abend war bereits hereingebrochen und von den Hörnern der Gefährten hatten sie schon seit vielen Stunden keines mehr erschallen gehört.

Der Knecht stieg auf eine Tanne, um vielleicht von dort aus eine Orientierung zu erhalten oder einen Hinweis auf Menschen zu erhaschen. Tatsächlich, ganz in der Nähe sah er eine Rauchfahne. Sie ritten rasch darauf los und gelangten zum Haus des Köhlers. Dort baten sie um etwas zu essen. Der bettelarme Köhler konnte ihnen jedoch

nichts geben, denn er hatte selbst nichts. Immerhin führte er auch sie zu der Reismühle nach Gauting.

Der Müller brachte ihnen Speise und Trank. Sie erquickten sich und nach dem späten Abendmahl trat der Sterndeuter vor die Hütte und blickte zum Himmel. Mit einem Mal lief er hocherstaunt wieder hinein und sprach zu Pippin:

»Herr, o Herr! Ihr sollt noch in dieser Nacht von Eurer Frau einen Sohn gewinnen, vor dem sich sowohl Christenkönige als auch Heidenkönige verneigen werden.«

Doch Pippin entgegnete:

»Wie kann das sein? Es ist halb Mitternacht und ganz sicher noch Stunden bis nach Weihenstephan.«

Der Sterndeuter ging noch einmal hinaus, besah sich den Himmel ganz genau, trat dann wieder in die Hütte und sprach:

»Dennoch wird es so sein. Ihr werdet bei der sein, die Eure Frau sein soll und es schon lange war.«

Pippin bestürmte den Müller, er solle sagen, ob er nicht jene Frau bei sich verborgen halte. Der König hätte den Müller am liebsten auf der Stelle getötet, als dieser gestand, es arbeite wohl schon sieben Jahre eine wunderschöne Jungfrau bei ihm, die noch keines Menschen Auge gesehen hatte.

Der König befahl dem Müller, sie auf der Stelle herbeizubringen. Der Müller tat wie geheißen und die Königstochter trat in die Hütte. Pippin schmeichelte ihr, es stehe in den Sternen, sie sei sein eheliches Weib. Die junge Frau wollte ihr Schicksal lange nicht offenbaren, wegen des Eides, den sie geleistet hatte. Doch dann erklärte ihr der König, der Eid sei durch Todesfurcht erzwungen worden und deshalb ungültig.

Nun zeigte die Königstochter – die niemand anders war als die edle Bertrada die Jüngere (auch: Berta, oder Bertha) – Pippin den Brautring, den er ihr durch den verräterischen Hofmeister gesendet hatte und den die junge Frau geschickt verborgen gehalten hatte.

König Pippin war außer sich vor Freude.

Sogleich schmiedete er einen Plan, wie nun gegen den Hofmeister vorzugehen sei. Dann gebot er den Seinigen Schweigen und ließ sie zum Schutz bei der lieblichen Bert-

rada bleiben. Dann nahm er zärtlich Abschied von seiner Versprochenen, brach mit dem ersten Dämmern auf und erreichte noch am selben Abend seine Burg Weihenstephan.

Dort stellte er die Knechte zur Rede, welche Bertrada einst verschont hatten. Dann ließ er seine weisesten Berater rufen, den Hofmeister dazu, und berichtete allen Anwesenden von dessen Falschheit und Missetat – so, als sei sie von einem anderen verübt worden. Danach fragte der König mit stechendem Blick und grimmigem Ton seinen Hofmeister:

»Was gebührte einem für solche Missetat?«

Blass und zitternd sprach dieser:

»Ich will kein Urteil fällen über mich selbst.«

Danach verurteilten ihn die Berater zum schmählichen Tod. Die Hofmeisterin, die den schändlichen Rat gegeben hatte, wurde eingemauert. Ihre Tochter, die untergeschobene Königin, wurde in einem besonderen Gemach verwahrt, in welchem sie bald aus Gram über ihre Tat dahinschied.

Für den König selbst blieb keine Zeit zum Rasten, denn die Geschäfte des Krieges und der Politik forderten ihn sofort und auf das Äußerste. Ungefähr neun Monate später kehrte König Pippin nach einem langen Feldzug gegen die Sachsen zurück. Sogleich eilte er zur Reismühle am Würmsee.

Der Müller trat ihm entgegen und reichte ihm einen Pfeil zum Wahrzeichen: In der Mühle sei ihm von der schönen Bertrada ein Sohn geboren worden. Pippin führte seine Fürsten und alle Ritter zu seiner Frau, zeigte ihnen das karge Kämmerlein und ihr bescheidenes Lager aus weichem Moos.

Dann zog König Pippin mit seiner Frau und seinem Kind ab, begleitet vom lauten Schall der Hörner, von Jubelruf und Waffenklang. Zunächst ging der Zug nach Weihenstephan und dann nach Frankreich, wo die liebliche Bertrada nach so vielen Jahren und so viel geduldig ertragenem Leid endlich als Königin des Landes gegrüßt wurde. Auch wurde der beiden schöner, kühner Knabe getauft:

Es war Carolus Magnus – dessen Ruf durch alle Welt gehen sollte.

Wenn drei sich streiten, freut sich der Stärkste
Der Hahnenkampf

Um das Jahr 780 herum reiste Karl der Große auf sein Schloss bei Kempten, wo auch seine dritte Gemahlin Hildegard gerade weilte. Als sie nun eines Tages bei Tisch saßen, kam das Gespräch auf die Regierung der Vorfahren. Ihre Söhne Pippin, Karl und Ludwig saßen daneben und mit einem Mal sagte der junge Pippin:

»Mutter, wenn einmal der Vater im Himmel ist, werde ich dann König?«

Karl aber wandte sich zum Vater und sagte:

»Nicht Pippin, sondern ich folge dir nach im Reich.«

Ludwig aber, der jüngste, bat beide Eltern, dass sie ihn doch König werden ließen. Als die Kinder immer weiter so stritten, sprach die Königin mit einem Mal bestimmt:

»Euren Zwist wollen wir bald lösen. Geht hinab ins Dorf und lasst euch von den Bauern jeder sich einen Hahn geben.«

Die Knaben stiegen die Burg hinab, mit ihrem Lehrmeister und den übrigen Schülern. Sie holten wie befohlen die Hähne und hierauf sagte Hildegard:

»Nun lasst die Hähne aufeinander los! Wessen Hahn im Kampfe siegt, der soll König werden!«

Die Vögel stritten wild und Ludwigs Hahn überwand die beiden anderen. Ludwig I., auch Ludwig der Fromme genannt, erlangte tatsächlich nach seines Vaters Tode die Herrschaft über das Fränkische Reich.

Der um das Jahr 770 herum geborene Pippin war allerdings der erste Sohn Karls des Großen aus dessen erster Ehe mit einer Frau namens Himiltrud. Pippin sah sich vermutlich zu Recht in seiner Rangfolge um das Reich zurückgesetzt und erhob sich im Jahre 792 gegen den mächtigen Vater.

Doch zu diesem Zeitpunkt war Karls Verbindung mit Himiltrud als nicht vollwertig betrachtet worden und seine erste Frau erhielt den Status einer »concubina«, was so viel bedeutete wie »Nebenfrau in einer Friedelehe« oder »Mätresse«. Die arme Himiltrud wurde also im Handumdrehen von Prinzessin Diana zur Camilla Parker Bowles ihrer Zeit.

Zur Strafe wurde Pippin, der zudem den wenig schmeichelhaften Beinamen »der Bucklige« hatte, für den Rest seines Lebens in die Abtei Prüm verbannt, wo er im Jahre 811 verstarb.

Das Schicksal zeigt den Römern Rot

Die heilige Fahne und die stählerne Krone

Friso, der legendäre Stammvater der Friesen, hatte aus seinem fernen Heimatland zwei teure Güter mitgebracht. Diese waren nicht nur wertvoll, sondern besaßen zugleich wunderbare Kräfte. Er hatte diese von seinem Vater empfangen und dieser sie wiederum von seinem Vater, sodass sie als wertvoller und die Macht sichernder Schatz lange Zeiten von Geschlecht zu Geschlecht vererbt worden waren:

Es waren eine stählerne Krone und eine kostbare rote Fahne. Beide wurden in Friesland über eine lange Zeit noch im Tempel der Göttin Tamfana aufbewahrt, bis ein König von Dänemark die stählerne Krone den Friesen raubte und diese in sein Land mit sich nahm.

Die Fahne allerdings konnte der dänische Herrscher nicht ergattern, denn diese hatten die Friesen klugerweise tief in die Erde vergraben. Nachdem der gierige Dänenkönig wieder abgezogen war, blieb die Flagge dort viele hundert Jahre lang liegen.

Als der heilige Willibrord um das 690 herum ins Friesenland kam, um den christlichen Glauben dort zu predigen, sandte ihm Gott im Traum einen Engel. Dieser zeigte ihm die Stelle an, an der die heilige Fahne vergraben lag. Der fromme Willibrord begab sich mit den Ersten des Volkes dorthin. Man grub tief, man grub tiefer – bis man tatsächlich die Fahne fand. Sankt Willibrord schenkte sie dem legendären Magnus Forteman, welcher zu dieser Zeit Friesland regiert haben soll.

Im Jahre 809 hatte Kaiser Karl der Große ein großes Heer versammelt, mit dem er von Bayern aus gegen die aufrührerischen Römer zu Felde ziehen wollte. Magnus Forteman scharte sich mit seinen Friesen und der heiligen Fahne freiwillig zu ihm.

Als der Kaiser sich mit seinen Truppen bis auf eine Tagesreise Rom genähert hatte, ließ er sein Heer ruhen. Es sollte nach dem langen Marsch frische Kräfte sammeln können, um gegen den Feind zu bestehen. Die Römer vernahmen mit Schrecken, wie nahe

das Heer Karls bereits war. Schnell schmiedeten sie einen Plan: Man wollte aus der Stadt ziehen, um den Kaiser im freien Felde zu überfallen.

Vermutlich durch einen Späher hörten die Friesen davon. Gleich versammelte auch Magnus Forteman, der die heilige Fahne selbst führte, seine Truppen. Alsbald schlichen die friesischen Kämpfer heimlich aus dem Lager und eilten den Römern entgegen, welche sie nach einem blutigen Kampf deutlich und überlegen besiegten.

Die Friesen setzten den römischen Flüchtlingen schnell nach, sodass sie mit diesen praktisch zeitgleich in die Stadt eindringen konnten, die letzten Reihen der Gegner überwältigten und das geweihte Banner siegreich auf der Engelsburg aufpflanzten.

Zur Belohnung erwarben die tapferen Friesen nicht nur großen Dank, sondern außerdem zahlreiche Freiheiten und Privilegien von Kaiser Karl, der sogar ihre Schilde mit Silber und rotem Golde beschlagen ließ. Was aber nach dieser Zeit aus der heiligen Fahne geworden ist, darüber weiß niemand zu berichten.

~~~

Nach einer anderen Quelle – die von einem weisen Gelehrten stammen soll, dessen Name nicht mehr bekannt ist – sei Magnus Forteman alleine gegen Rom gezogen.

Die Stadt wurde im späten achten Jahrhundert in der Tat von einer Gruppe Adliger beherrscht, welche die Hoheit von Papst Leo III. entschieden ablehnten. Am 25. April 799 soll es deshalb zu einem Attentat auf den Papst gekommen sein, bei dem man seine Zunge abschneiden und seine Augen herausreißen wollte.

Eine weitere Quelle (Horace Kinder Mann) schildert, dass Papst Leo III. von zwei Königsboten Karls des Großen gerettet und in Sicherheit gebracht worden sein soll.

Die erste Quelle wiederum beschreibt, dass lediglich 700 zu allem entschlossene Friesen Rom von dieser Gruppe Adliger zurückerobert habe. Sie seien bei Nacht durch eine schmale Türöffnung, die nur wegen des damaligen Niedrigwassers des Tibers zugänglich war, in die Stadt geschlichen. Dann seien sie durch die Gärten des Domus Flavia, eines von Kaiser Domitian im Jahre 80 errichteten Palastbaus, weiter in die Stadt vorgedrungen. In der Nähe des heutigen Petersplatzes seien die Friesen schließlich entdeckt worden und der Kampf sei voll entbrannt.

Schon kurze Zeit später soll Magnus seine rote Flagge auf der Sankt-Peter-Kirche gehisst haben, was entscheidend zur Verwirrung der Einheimischen beitrug. Die Friesen
~~~

machten keine Gefangenen – und sollen am Ende des Kampfes bis zu den Knöcheln im Blut der Unterlegenen gestanden haben.

Magnus Forteman soll von Karl dem Großen als Lohn keine Ehren und Ämter begehrt, sondern um die Freiheit, die unbegrenzte Redefreiheit sowie die Unabhängigkeit für seine friesischen Landsleute gebeten haben. Die Sage berichtet davon, dass Kaiser Karl sich mit dem Karlsprivileg und dem Friesenprivileg erkenntlich gezeigt haben soll.

Außerdem habe Karl den Friesen erlaubt, eine goldene Krone in ihrem Schild sowie einen halben Adler in ihrem Siegel zu führen. Dies sollte offenbar symbolisieren, dass er den Friesen Freiheit und Unabhängigkeit geschenkt habe.

Die Apokalypse Karls des Großen

Kaiser Karl im Brunnen und im Berge

Auf dem Markt zu Nürnberg steht der Schöne Brunnen. Es ist schon lange eines der Wahrzeichen Nürnbergs, wurde im Jahre 1396 erbaut, mit herrlichem Bildwerk verziert und mit einem hohen Metallgitter umgeben. Manche Quellen behaupteten, der Brunnen solle sage und schreibe 1600 Fuß (früher auch: Schuh) tief sein, andere gaben sich mit einer Tiefe von lediglich 300 Fuß zufrieden. Die Kette, an der die Eimer hingen, soll dreitausend Pfund gewogen haben.

In dieses Brunnens Tiefe soll sich niemand anders als Kaiser Karl der Große selbst sich verwünscht haben, um dort unten das Ende der Welt zu erwarten.

Eines Tages sollen die Herren von Nürnberg einen Verbrecher in die Tiefe des Brunnens hinabgelassen haben – und tatsächlich, der Verbrecher sah Carolus Magnus höchstpersönlich in der Tiefe des Brunnens sitzen – an einem Steintisch, ähnlich dem von Kaiser Barbarossa im Kyffhäuser. Der Bart sei durch den Tisch hindurch gewachsen und reichte bereits zweimal um den Tisch herum. Sobald er zum dritten Male den Tisch umspanne, würde das Ende der Welt vor der Türe stehen.

Nicht weit von Nürnberg entfernt erhebt sich der Kaiser Karlsberg (auch: Kaiser Carlsberg). Auch in diesem soll Kaiser Karl der Große sitzen und mit allen seinen Wappnern dem Ende der Welt harren.

In früheren Zeiten wurde aus dem Berge oft ein schöner Gesang vernommen – offenbar waren die Zeiten noch gut. Heute höre man aus ihm nur noch klagendes Weinen, weil die Zeiten so schlecht sind.

Damit besagtes Weltende nicht allzu schnell herbeirücken könne, müsse des Kaisers Bart ganze sieben Mal um den Tisch herum wachsen. In der Gegend war und ist es allerdings Brauch, dass sich die Leute darüber stritten und auch heute noch darüber streiten, ob der Bart des verzauberten Kaisers denn nun drei oder sieben Mal um den Tisch wachsen müsse. So sei das Sprichwort entstanden, das man zitiert, wenn über unausgemachte Sachen nutzlos gestritten wird: Es ist ein Streit um des Kaisers Bart.

Eine weitere Sage des Kaiser Karlsbergs handelt von einem Bäckerjungen aus Fürth. Diese Sage wurde von Georg Wüstendörfer in seinem Band »Wanderungen durch Fürth« aus dem Jahre 1898 wie folgt erzählt:

An der Stelle, wo sich jenseits des Karlssteges noch Überreste des Kaiser Karlsberges erheben, befand sich einst eine kaiserliche Pfalz. Diese war ein gut befestigter und mit Pfählen umgebener Meierhof, der dem Kaiser als Jagd- oder Reisestation und dessen Beamten als Wohnung diente. Noch im 18. Jahrhundert fand man dort Trümmer und Überreste von Gebäuden. Um den Kaiser Karlsberg wob sich in früherer Zeit ein gar eigener geheimnisvoller Zauber. Ging man an ihm zur Mitternachtsstunde vorüber, so vernahm man das Klirren der weingefüllten Pokale, hörte man das Hifthorn Rolands gar mächtig ertönen, den Kanzler Eginhard bedeutungsvolle Worte sprechen und aus dem Munde der schönen Kaiserstochter Emma gar liebliche Lieder erklingen.

Einstmals trieb sich ein Bäckerjunge um die Zeit des Abendläutens vor dem Berge umher. Immer war ihm, als hörte er seinen Namen rufen, und wie er sich auch bestrebte, aus der Nähe des Berges zu kommen, so fühlte er sich an diesen doch magnetisch festgebannt. Plötzlich stand ein kleines Männchen vor ihm, das ein Laternchen in der Hand hielt, dessen Licht die ganze Umgegend gar wundersam erleuchtete.

»Kannst du schweigen?«, fragte das Männchen den Bäckerknaben.

»Ich kann schweigen«, gab dieser zur Antwort.

»Dann ist es dein Glück«, sprach das Männchen weiter, »wirst du aber zum Verräter an dem, was ich dir jetzt sage, dann musst du sterben. Sieh' dir den Platz, an dem du stehst, genau an. Du wirst an diesem Platz morgen eine Türe finden, die in das Innere des Berges führt. In den Berg kannst du dann ohne jede Gefahr hineingehen. Bring' jeden Morgen einen großen Korb voll Weißbrot hierher. Du wirst ihn nicht nur gut bezahlt, sondern jedes Mal auch einen Sechser als Trinkgeld bekommen.«

Der Knabe tat, wie das Männchen ihm geheißen.

Als er um die vierte Morgenstunde des nächsten Tages mit seinem Korb vor dem Berge erschien, führte ihn das Männchen in eine große, von mächtigen Kronleuchtern erhellte Halle. An den Wänden der Halle hingen alte Rüstungen und Waffen, auch das Hifthorn Rolands und die Laute Emmas gewahrte der Knabe.

Um einen großen Tisch saßen eine Anzahl geharnischter Männer, ihr von langem Haupt- und Barthaar umwalltes Gesicht war auf die Brust gesunken – sie schliefen. Nachdem der Knabe sein Brot abgeliefert hatte, bedeutete ihm das Männchen nochmals, dass er sein Leben lassen müsse, wenn er irgendeinem Menschen von dem erzähle, was er hier gesehen habe.

Drei Tage ging alles ganz gut, am vierten aber schlich die Meisterin dem Burschen nach, um zu erspähen, wo er das viele Brot hintrage, für das man ihn stets mit neuem, funkelndem Geld bezahle. Kaum war er zu Hause angelangt, als die Meisterin ihn barsch anfuhr:

»Nun weiß ich, wo du das viele Brot hinträgst: in den Kaiser Karlsberg.«

»Wo das Brot hinkommt, kann Euch gleichgültig sein«, sagte der Knabe, »Ihr erhaltet doch Euer Geld dafür.«

Da wurde die Meisterin zornig und drohte den Knaben, dass er tüchtig durchgeprügelt und aus der Lehre gejagt werde, wenn er nicht sofort alles eingestehe. Weinend erzählte der Knabe nun seine Erlebnisse.

Bangen Herzens trat er am nächsten Tag, den großen Korb mit Brot bepackt, seinen Weg zum Kaiser Karlsberg an – von dem er nimmer zurückkehrte. Alle Nachsuchungen waren vergebens. Die Kleider des Knaben fand man um den Berg verstreut liegen.

Seit dieser Zeit wurde kein fröhlicher Laut mehr aus dem Berg vernommen, wohl aber manchmal leises Weinen und Klagen. Die um den Berg herum lustig grünenden Bäume und Gesträuche verdorrten und die auf Anregung Karls des Großen gepflanzten Weinberge brachten nur saure Frucht. Nach und nach gingen sie ganz ein.

~~~

Kaiser Karl aber lebt mit seinen Mannen im Inneren des Berges fort. Alljährlich in der Johannisnacht reitet er mit großem Gefolge den unterirdischen Gang entlang, der sich vom Berge über Schniegling zur alten Hohenzollernburg in Nürnberg zieht. Der Gang führt oberhalb der Sohle des dortigen, sehr tiefen Felsenbrunnens aus. Drei Schläge mit schwerer Gerte an ein eisernes Tor geführt, sprengen dieses auf, worauf die Rosse getränkt werden.

~~~

Die Sage erzählt weiter, dass einstmals auf der Fleischbrücke zu Nürnberg ein armer Sünder hingerichtet werden sollte, dessen Verlobte den hohen Rat gar flehentlich um sein Leben bat. Man versprach, den Missetäter zu begnadigen, wenn er den zum Kaiser Karlsberg führenden Gang durchwandere und zum Wahrzeichen seiner Wanderung irgendeinen Gegenstand mitbringe.

Man ließ ihn in den Brunnen hinab, von wo aus er seinen beschwerlichen Weg antrat. Im Karlsberg angekommen, sah er den Kaiser und viele edle Ritter schlafend an einer großen Tafel sitzen. Der Bart des Kaisers war silberweiß und dreimal um den Tisch gewachsen. Gnome hielten Wache und warfen dem ungeladenen Gast drohende Blicke zu. Von Entsetzen gepackt, ergriff dieser die Flucht.

Von dem Plafond der Halle fielen dicke, leuchtende Tropfen herab, die er – in der Meinung, es seien Goldkügelchen – auffing und in die Tasche steckte. Als er in Nürnberg wieder angekommen war, vor den hohen Rat geführt und gefragt wurde, was er als Zeichen, dass er im Kaiser Karlsberg gewesen sei, mitgebracht habe, griff er in die Tasche, um die Goldkügelchen zu zeigen. Wie erstaunte er aber, als sich nicht solche, sondern ein großer Diamant von größter Reinheit vorfand.

Der hohe Rat gewährte ihm hierauf volle Begnadigung, der Diamant bildete die Aussteuer für ihn und seine Geliebte – deren Flehen er sein Leben verdankte.

Ein Königreich für einen Becher Wasser

Das Taubenbrünnlein zu Feuchtwangen

Die Entstehung des Klosters Feuchtwangen soll auf Kaiser Karl den Großen zurückgehen. An den Abhängen des Sulzbachtales, in dichten Fichtenwäldern, habe Carolus Magnus einst eine Jagd abgehalten.

Mit einem Mal habe ihn ein Fieber überfallen und er musste sich matt und müde auf einen Fichtenstock setzen. Er litt großen Durst, doch es war weit und breit kein Wasser zu bekommen, ganz gleich, wie viele Boten er und seine Jagdgenossen aussenden ließen.

Mit einem Mal hob sich eine Wildtaube aus dem Gesträuch auf in den Himmel. Die Männer verstanden es als ein Zeichen, suchten sogleich den Ort auf und fanden reines, frisches Quellwasser im Busch aus verborgenem Gestein herausfließen.

Dem müden, kranken Kaiser war geholfen: Er trank nach Herzenslust und wurde gleich wieder heil und munter. Zum Dank habe er gelobt, an dieser Stelle eine Kirche und ein Kloster zu errichten. So entstand im feuchten Gelände der Sulzach der Ort Feuchtwangen.

Noch immer führt das Taubenbrünnlein am Fuß des Klosterberges klares Wasser und nach der Volksmeinung liegt der Fichtenstock, auf dem der Kaiser saß, vom Alter versteinert, unter dem Hochaltar der Stiftskirche zu Feuchtwangen. Eine neuere Steinplatte bei dem Brunnen enthält diese Sage in wenigen Zeilen eingemeißelt.

Kaiser Karl IV. (tschechisch: Karel IV., geboren 1316 in Prag als Václav) war zunächst römisch-deutscher König, König von Böhmen, König von Italien und ab 1355 römisch-deutscher Kaiser. Er stammte aus dem Geschlecht der Luxemburger, zählt zu den bedeutendsten Kaisern des Spätmittelalters sowie den einflussreichsten europäischen Herrschern jener Zeit.

Karl IV. betrieb im deutschen Reichsteil eifrigste Verehrung Karls des Großen. Auf seine Anweisung hin entstanden zahlreiche neue Bildnisse des Karolingers, der als »neuer David« sowie als »König und Prophet« bezeichnet wurde. Die Ironie will es, dass Karl IV. offenbar nicht wusste, dass die Bibel sehr genau definiert, was ein »neuer David« zu erreichen hatte.

Nichts davon hatte Karl der Große erreicht. Sie definiert außerdem sehr genau, was mit Leuten zu geschehen hat, die sich als falsche Propheten ausgeben.

Ein bibeltreuer Papst hätte also – per Deu 13:6 – im 14. Jahrhundert nach Aachen pilgern oder wenigstens seinen Bischof anweisen müssen, die Überreste Karls aus der Gruft erheben und ihm eine posthume Exekution widerfahren zu lassen – so wie es Oliver Cromwell im Jahre 1661 erleben sollte. Paulus bestätigt in 2 Pet 2:1 das Wort Jahwes.

Im weiteren Mittelalter wurde Karl der Große immer wieder ikonografisch dargestellt. Die Darstellungen variierten von Reichsstadt zu Reichsstadt und später würden so viele Fantasieprodukte über sein Aussehen existieren, dass man geneigt ist, einen Spartakus-Witz zu machen. Es sind wichtige Zeugnisse der Rezeptionsgeschichte, denn sie drücken die jeweils aktuellen politischen Sehnsüchte, Legitimationsbedürfnisse und Machtansprüche aus.

Karl der Große war auch ohne mythologische Verklärung und hagiografische Entrückung ein bedeutender Herrscher. Er führte einerseits zahlreiche Feldzüge gegen seine Nachbarn, mit furchtbaren Verlusten auf beiden Seiten, doch andererseits war er ebenfalls verantwortlich für die kulturelle karolingische Renaissance. Karl wird von Historikern als Vater Europas bezeichnet und wenn man seinen geschichtlichen Wirkungsgrad betrachtet, ist diese Einstufung durchaus vertretbar. Doch was genau bedeutet diese Vaterschaft – außer der Tatsache, dass weite Teile Mitteleuropas ihn als Ahnen führen dürfen?

Karl der Große verstarb am 28. Januar 814 in Aix-la-Chapelle. Die Wirkung des Karolingers ließ seine Residenz Aachen noch bis ins 16. (!) Jahrhundert hinein Krönungsort der römisch-deutschen Könige verbleiben.

Mia san Noah

Abkunft der Bayern

Das Geschlecht der Bayern soll vor mehr als 4000 Jahren aus der Gegend des heutigen Armenien eingewandert sein. Dort, auf dem Berg Ararat, war Noah mit seiner Familie in der Arche gelandet, nachdem die Taube ihm den grünen Zweig gebracht hatte. Bayern soll in seinem Wappen früher auch die Arche auf dem Berg Ararat geführt haben.

Gegen Indien hin sollen noch deutschsprechende Völker wohnen.

~~~

Die Bayern sollen von jeher streitbar und tapfer gewesen sein. Außerdem schmiedeten sie solch exzellente Schwerter, dass keine anderen besser bissen.

»Reginsburg die märe« hieß ihre Hauptstadt. Den Sieg, den Cäsar über ihren Herzog Boemund und dessen Bruder Ingram erlangte, habe er mit Römerblut vergelten müssen.

Ihr Autor hat kein offizielles Wappen Bayerns gefunden, in dem eine Arche Noah abgebildet war. Vielleicht finden Sie eines. Es stimmt allerdings, dass östlich von Armenien in Richtung Indien in einigen Regionen indogermanische Sprachen gesprochen werden, die eine Verwandtschaft mit der deutschen Sprache besitzen.

Minga

Das Münchner Kindl

Eine alte Legende berichtet, das Ur- und Wahrzeichen Münchens sei das Stadtsiegel gewesen. Anfangs war darauf ein Burgtor mit zwei Türmen zu sehen, unter demselben ein Kopf mit einer Kapuze und über dem Tor weg ein aufwärtsschauender Aar.

Es trat aber eine Änderung ein und heutzutage sehe man als Stadt-Wahrzeichen ein Mönchlein in ganzer Figura, welches die Arme ganz frisch dehnt und ein fromm frohes Gesicht aufweist. Die altersgraue Sage einer Begebenheit, von welcher sich der Mönch ableiten soll, laute wie folgt:

Vor mehr als tausend Jahren, als die Hunnen wieder einmal in Bayern einfielen, verbrannten und verwüsteten sie alles, was ihnen im Wege stand – insbesondere die Klöster. Allerdings glaubten die Mönche von Schäftlarn, das am linken Ufer der Isar aufwärts liegt, sie kämen vielleicht heil davon, weil ihr Kloster klein sei und ziemlich verborgen liege.

Plötzlich aber kam die Nachricht, es rücke ein Hunnenschwarm in die Gegend. Auf diese Kunde hin ergriffen die einen die Flucht und machten sich in eine damalige Öde,
~~~

wo heute die Weltstadt München steht. Die anderen hofften dennoch, der Gefahr zu entrinnen, wurden aber von den Hunnen überfallen und ermordet.

Als diese schreckliche Nachricht in die (heutige) Münchner Gegend kam, wagten sich die dort verbliebenen Mönche lange Zeit nicht zurück. Sie bauten sich eine neue Hütte und blieben, bis sie vernahmen, dass alle Hunnen von Kaiser und Reich erschlagen worden seien. Dann kehrten sie wieder in ihr Kloster zurück. Doch was für ein Anblick – es lag vollständig in Trümmern. Doch die tapferen Mönche bauten es nach besten Kräften wieder auf.

Ihr Besitztum in der Münchner Gegend ließen die Benediktiner aber nicht ganz außer Acht und kamen dann und wann isarabwärts. Aus dieser Zeit soll gesichert sein, dass sich zu München die allererste Hütte mit Hafer- und Kornwuchs auf der Stelle befunden habe, an welcher später im Tal die Hochbrücke war.

Demzufolge glaubten mit der Zeit dann etliche Leute Folgendes:

Weil sich am besagten Orte Mönche aufhielten, hätte man den Ort mit der Zeit »bei den Mönchen« genannt. So sei nach und nach aus allem, was dort weiterhin entstand, der Name München geworden.

Spieglein, Spieglein auf dem Brunnen

Der Spiegelbrunnen in München

Spiegelbrunneneck hieß vormals das Eck am Anfang des Schrammergässchens, gegenüber der Polizeidirektion. Noch vor etwa hundert Jahren war an diesem Hauseck ein Gemälde angebracht, das ein ungeheures, hahnartiges Tier zeigte, wie man den fabelhaften Basilisken zu malen pflegte. Vor dem Haus stand früher ein Ziehbrunnen; solche nannte man auch Kettenbrunnen. Hierüber geht folgende Sage:

In diesem Brunnen hauste vor vielen hundert Jahren ein Basilisk. Damals hielt man einen Basilisken für ein schreckliches Tier, denn kein lebendiges Wesen könne seinen Blick ertragen. Wer immer ihn sieht, müsse sterben. Dieses Schicksal blühe allerdings auch dem Basilisken selbst – wenn er jemals seiner Fratze ansichtig würde. Das war damals ein großer Jammer in München, denn jeder, der in die Tiefe des Brunnens hin-

abschaute, wurde von dem Blick des Basilisken sogleich getötet. Viele Menschen waren auf diese Weise schon umgekommen.

Endlich wurde von einsichtigen Bürgern ein großer Spiegel herbeigebracht und über dem Brunnen aufgestellt. Als der Basilisk aufwärts schaute und in dem Spiegel sein eigenes Bild erblickte, starb er sogleich. So wurde die Stadt von diesem Unheil erlöst und der Brunnen hieß seitdem der Spiegelbrunnen.

Vier Asse besiegen die Pest

Der Schäfflertanz

Im Mittelalter herrschte in der Stadt München eine große Pest. Es war der schwarze Tod höchstpersönlich, sodass die Menschen nicht nur in ihren Häusern dahinstarben, sondern selbst in den Gassen plötzlich tot niederfielen. Keine Hilfe, kein Mittel und kein Gebet wollte das Übel vertreiben.

Endlich erkannte man, dass dieses Sterben von einem giftigen Lindwurm herkomme, der in einem Brunnen an der Ecke der Weinstraße hauste und dessen giftiger Hauch die Luft verpestete. Es gelang einer Reihe mutiger Männer, diesen Wurm aus dem Brunnen herauszulocken und zu töten.

Von diesem Untier hergeleitet nannte man das Eckhaus gegen den Marienplatz noch lange Zeit das Wurmeck und zum Gedächtnis wurde der Lindwurm dort in einem Gemälde verewigt. Obwohl nach Tötung des Untieres die Seuche scheinbar längst nicht mehr so schlimm wütete wie zuvor, so waren doch die Furcht und der Schrecken noch sehr groß. Eine sehr lange Zeit wagte kein Mensch, aus dem Haus zu gehen – und auch von auswärts traute sich niemand, in die Stadt zu kommen.

Als Erste fassten die Schäffler wieder Mut. Die Vertreter ihrer Zunft – die man auch als Fassbinder, Böttcher, Küfer, Büttner, Binder oder Bender kennt – zogen mit Trommeln und Pfeifen vor die Häuser und führten mit grünen Reifen Tänze auf, um das Volk zu erheitern und wieder Leben in die Stadt zu bringen. Seitdem wurden alle sieben Jahre zum Andenken diese Tänze zur Fastnachtszeit wiederholt. Nun allerdings tanzten die Schäffler nur noch zum Glockenspiel im Rathausturm.

Es dauerte noch viel länger, bis sich von auswärts wieder jemand in die halb entvölkerte Stadt herein wagte – und das war eine Bauersfrau mit Eiern in ihrer Butte (auch: Kiepe, altdeutsch für: Gefäß, Korb).

Deshalb war früher beim Schäfflertanz auch die »Gretel mit der Butte« dabei. Dieses war ein Lustigmacher, der vier Spielkarten-Asse auf dem aufgekrempelten Hute eingesteckt hatte, eine ausgestopfte Frauenpuppe in einer Butte auf dem Rücken trug und eine lange Wurst in der Hand hielt, die er den neugierigen Buben ums Maul schlug. Dazu wurde bei Trommeln und Pfeifen das folgende Lied gesungen:

»Gretel in der Butten,
Wie viel gibst Du Oa?«
»I gib nicht mehr, i gib nicht mehr
Als um a'n Batzen achte,
Und um a'n Kreuzer zwoa.«

»Gibst du mir nöt mehra,
Als um a'n Kreuzer zwoa,
So b'halt du no dein' Butten,
Und alle deine Oa.«

Ausgespielt von der Lieben Frau

Der Teufel in der Frauenkirche

Als die Kirche zu Unserer Lieben Frau in München erbaut wurde, ärgerte sich Herr Urian, der dadurch sein Reich der Hölle bedroht sah, ganz teufelsmäßig darüber. Trotz all seiner List konnte er den Bau nicht verhindern, aber nachdem die Kirche endlich vollendet worden war, beschloss er, sie mit Wind und Sturm zu zerstören.

Als nun der Teufel in dieser Absicht durch das Hintertor in die Kirche eintrat und unter dem Chor stand, konnte er zu seiner großen Verwunderung – wegen der

vorstehenden gewaltigen Säulen – kein einziges Fenster erblicken. Darüber lachte er ganz vergnügt, denn er hielt die Kirche für einen unnützen Bau, der ihm nicht viel schaden könne, weil es ja viel zu dunkel in derselben sei. Er ging daher beruhigt wieder fort. Die Stelle, an der er stand, soll noch heute seinen Fuß sichtbar schwarz im Stein eingeprägt zeigen.

Als aber der Teufel schließlich erkennen musste, dass dennoch die Leute fleißig tagein und tagaus in die neuerbaute Kirche zur Andacht und zum Gottesdienst strömten, er selbst aber, weil sie nun schon geweiht war, nicht mehr in dieselbe eintreten konnte, stürmt er seitdem außen um die Kirche herum, um die Leute vom Kirchgang abzuhalten. Daher kommt es, dass der Wind um die Frauenkirche oft derart heftig geht, sodass er manchen – ehe man sich versieht – das Frauenbergl hinabtreibt oder den Leuten den Hut vom Kopf nimmt.

Von einer Dohle zum Tode verurteilt

Die Sage vom Goldschmied

Das Kaufingertor war eins der fünf Tore in der Stadtmauer, die einst das mittelalterliche München umschloss. Die Volkssage berichtet, dass der Mann, der auf der Skulptur unter dem Turm abgebildet ist, ein Goldschmied war, dessen Werkstatt sich im Turm befand.

Der Goldschmied erhielt eines Tages den Auftrag, die Kopie eines teuren Geschmeides zu erstellen. Doch als er einmal vom Essen heimkehrte, war das Geschmeide plötzlich verschwunden. Der Goldschmied beteuerte seine Unschuld, doch das Stadtgericht verurteilte ihn zum Tode, weil weder an der Haustüre noch an den Fenster Einbruchsspuren zu finden waren.

Auf dem Weg zur Hinrichtung schritt er mit gesenktem Haupt durch das große Tor. Das Armesünderglöckchen im Tor läutete und der Goldschmied sprach:

»Meine Stimme verhallt wie dieses Glöcklein und kein Mensch will mir glauben. So wahr es jeder hört, so sicher kommt meine Unschuld noch an den Tag. Doch dann wird es zu spät sein.«

Nur ein paar Wochen nach der Hinrichtung fand ein Maurer bei Ausbesserungsarbeiten im Turm ein Dohlennest im Glockenstübchen – und darin lag das vermisste Geschmeide, das vermutlich eine Dohle stibitzt hatte.

Wie der Goldschmied es prophezeit hatte, war seine Unschuld bewiesen worden – doch zu spät, um sein Leben zu retten. Nach diesem Fund wurde sein Leichnam in den Friedhof am Frauenbergl überführt.

Heinrich Löwenherz

Der Löw' im Tal

Der Löw' im Tal – am Eckhaus der Sparkassenstraße, gegenüber dem alten Rathaus – ist ein uraltes Wahrzeichen. Es erinnert an Heinrich den Löwen, den weltberühmten Herzog von Bayern und Braunschweig. Von diesem einstigen Herrscher erzählt die Sage: Herzog Heinrich von Braunschweig war beim Kaiser in Ungnade gefallen. Der Herzog wollte den Herrscher mild stimmen und die gegen ihn verhängten Strafen aufheben lassen und zog zur Buße nach Jerusalem. Seine Frau Mathilde musste er zurücklassen.

Nach langer Reise mussten Heinrich und seine fünfzehnhundert Mann gegen einen Pascha bestehen, doch des Herzogs Kampfkunst siegte. Der fremde Herrscher bat um sein Leben und als Dank für die gewährte Gnade schenkte er Heinrich einen prächtigen Löwen. Das Tier war Heinrich treu wie ein Hund und folgte seinem neuen Herrn auf Schritt und Tritt.

Der Teufel erschien dem Herzog und sagte, dass des Herzogs Frau morgen einen anderen Mann heiraten werde, da sieben Jahre vergangen seien. Er bot Heinrich an, ihn auf seinem Rücken in einer Nacht nach Braunschweig zu tragen. Als Preis für diesen Dienst verlangte er nur des Herzogs Seele. Heinrich weigerte sich und wollte schon gar nicht ohne seinen Löwen zurück. Also sagte der Teufel, er werde zuerst Heinrich nach Hause bringen und gleich darauf den Löwen holen. Und obendrein, falls der Teufel Heinrich wach in Braunschweig vorfände, sei ihm die Seele geschenkt.

Es wäre jedoch beinahe um Heinrichs Seele geschehen gewesen, denn hätte der Löwe nicht schon von Weitem vor Wiedersehensfreude auf dem Rücken des Teufels gebrüllt und den Herzog rechtzeitig geweckt, wäre dessen Seele in den Besitz des Teufels übergegangen. Die Hochzeit musste abgesagt werden, und Ehefrau Mathilde freute sich über Heinrichs gesunde Wiederkehr.

Als der Herzog 1195 starb, wurde er mit allen Ehren im Braunschweiger Dom beigesetzt. Weil man den Löwen nicht in den Dom lassen konnte, grub das treue Tier vor Trauer seine Krallen tief in die steinernen Kirchenpfosten ein, betrübt, dass es nicht auch von seinem Herrn Abschied nehmen konnte. Danach legte sich der Löwe auf das Grab seines Herrn und wich nicht, bis auch er verschied.

Man goss ihn in Erz, um sein Andenken zu wahren, und stellte ihn im Braunschweiger Land auf. Auch im Harz ist er zu finden, wo er noch heute im Blankenburger Schlossgarten von sich und seinem Herrn kündet – und auch in München ist er wieder nahe bei seinem Herrn, der sich stolz wie sein Gefährte an der Ostfront des Alten Rathauses zeigt.

Ein muttergöttlicher KO

Der Schlafhaubenkrämer

Vor dreihundert Jahren lag um die Frauenkirche herum noch der sogenannte Frauenfreithof. Hin und wieder hörte man, es trieben sich dort Gespenster herum, und vorsichtige Leute machten lieber einen Umweg, als dass sie bei Nacht durch den Kirchhof gingen.

Wie es vielerorts üblich ist, erzählten sich etliche Bürger beim Abendtrunk alle möglichen Geister- und Spukgeschichten. So lasse sich auf dem Freithof immer wieder das Gespenst mit der Schlafhaube sehen. Eines Abends aber meinte ein Krämer aus der Schwabinger Straße, er wolle es gerne einmal darauf ankommen lassen und allen zeigen, dass er mit dem Geist fertig würde.

Als für allen anderen die Zeit gekommen war, nach Hause zu gehen, nahm der Krämer, welcher sich indessen reichlich Courage angetrunken hatte, seinen Hut und sein

Laternchen und machte sich auf den Weg zum Frauenfreithof. Dort sah er denn auch tatsächlich einen langen weißen Mann mit einer Schlafhaube an einem Grabstein sitzen. Der Krämer erschrak anfänglich, dachte aber dann ans Wirtshaus und an seine Ehre, ermannte sich, ballte die Faust und versetzte dem weißen Mann eine Maulschelle, dass diesem die Schlafhaube vom Schädel fiel.

Der Krämer lief eilends fort, aber das Gespenst folgte ihm immer auf dem Fuß. Doch der Krämer gelangte glücklich in sein Haus und schlug dem Verfolger die Tür vor der Nase zu. Der Geist konnte nicht durch, weil die Türe nach altem Brauch mit drei Kreuzen bezeichnet war. Der Krämer eilte hinauf in seine Stube – und dort sah die weiße Gestalt schon zum Fenster herein.

Kurz entschlossen riss der Krämer ein Bildchen der Altöttinger Muttergottes von der Wand und warf es dem Eindringling entgegen. Von da an war alles still und der Geist blieb verschwunden. Am nächsten Morgen fand sich das Muttergottesbildchen, fein und still ans Fenster gelehnt. Von diesem Tag an hieß der Krämer aus der Schwabinger Straße »Schlafhaubenkrämer«.

Den Verrat teuer bezahlt

Das Fausttürmlein

In der inneren Stadtringmauer, gleich beim Sendlinger Tor, stand ein Türmchen mit einer drohenden Faust auf der Dachspitze. Der Sage nach hatte vor langer Zeit ein Raubritter der Stadt die Fehde angekündigt. Außerdem war er mit einem Ratsherrn – gegen ein großes Bestechungsgeld – ein heimliches Bündnis eingegangen, dass dieser ihm zur bestimmten Zeit ein Tor öffnen solle. So könne der feindliche Ritter leicht die Stadt überfallen und in Brand stecken.

Zum Glück wurde der verräterische Plan gerade noch rechtzeitig entdeckt und der untreue Ratsherr zur Strafe lebendig in diesen Turm eingemauert, sodass er eines elenden Hungertodes sterben musste. Als Warnung an alle zukünftigen, mit dem Gedanken an Verrat spielenden Leute wurde danach eine drohende Faust auf die Spitze des Turmes gesetzt.

Das Türmchen zeigt den Münchnern Rot

Das rote Licht

Zum Fausttürmlein kennt die Volkssage noch ein weiteres Phänomen. Das soll mit den Münchner Scharfrichtern zusammenhängen, von denen sich einer vor langer Zeit vernehmen ließ:

»Mit Absicht ward bei uns sicher keiner vom Leben zum Tod gebracht, wenn er unschuldig war.«

Gleichwohl traf es das ein oder andere Mal im Lauf der Jahrhunderte zu, dass eben doch einer zum Hochgericht musste, obwohl er nichts Böses getan hatte. Bei diesem Fall Mal waren die Richter im Irrtum, wie die Wege des Schicksals eben wunderbar sind – oder wie die Gesetze der Wahrscheinlichkeit eine Regression zur Mitte empfehlen.

Falls ein Verurteilter unschuldig starb, blieb es jedoch nie verborgen, denn in der folgenden Mitternacht zeigte sich das Fausttürmlein in blutrotem Licht und zugleich gab es drei schwere Schläge – wie mit einem Richtschwert – an der Wohnungstür des Scharfrichters, die sich früher innerhalb der Stadtmauer auf dem freien Platz unterhalb des Türmleins befand.

Wenn nun der Scharfrichter die drei Schläge hörte und das blutrote Leuchten sah, ließ er es sich nicht einfallen, die Türe aufzuschließen, oder auch nur zu fragen, wer da klopfe und was es denn mit dem roten Licht auf sich habe. Jeder Scharfrichter wusste aus den Zeiten seiner Urgroßväter und noch weiter her, was die Sache zu bedeuten habe.

Das Nächste, was jeder Scharfrichter tat, war sogleich niederzuknien und mit lauter Stimme das Vaterunser und das Ave Maria so lange zu beten, bis es ein Uhr schlug – denn erst mit diesem Schlag verlöschte das rote Licht. Dann legte er sich wieder ins Bett, konnte aber meistens nicht mehr schlafen und zeigte am Morgen beim Rat an, was sich in der Nacht zugetragen habe.

Danach begaben sich die Leute sogleich in Kirchen und Kapellen; denn man glaubte nichts anderes, als dass die drei Schläge und das rote Licht ein Zeichen des unschuldig Verstorbenen gewesen waren. Also betete man eifrig für seine Seele und noch mehr dafür, dass der wirklich Schuldige entdeckt werde.

Dies soll auch tatsächlich ein paar Mal eingetroffen sein. Das erste Mal mit dem bereits erwähnten Goldschmied in der Sage »Von einer Dohle zum Tode verurteilt», das zweite Mal mit einer Dienstmagd, die ihr Stübchen in einem Haus unweit der Dienergasse hatte. Wie jeder heute weiß, starben die beiden unschuldig. Man nahm seinerzeit an, dass eine Dohle und ein Rabe die Schuldigen waren. Was mit diesen geschehen war, wusste jedoch niemand.

Ein riesiger Beschützer

Onuphrius am Marienplatz

Am Münchner Marienplatz soll man noch heute an einem der Häuser das Bild eines Riesen sehen können. Der damalige Künstler stellte den Riesen nackten Leibes dar, die Lenden mit Baumzweigen umgürtet, auf dem Kopf eine Krone, in der einen Hand ein Doppelkreuz und in der andern einen Knotenstock tragend. Eine alte Münchner Sage nennt ihn den heiligen Onuphrius.

Onuphrius war ein persischer Königssohn, der vor vielen tausend Jahren von seinem grausamen Vater verstoßen worden war. Der Geächtete begab sich darauf in ein Wüstengebiet, in dem er sechzig Jahre als Einsiedler in Gebet und frommer Betrachtung verbrachte, ohne einen anderen Menschen zu sehen. Onuphrius lebte ausschließlich von den Wurzeln eines nahen Waldes.

Weder die glühenden Strahlen der Sonne noch die rauen Nachtfröste konnten ihm etwas anhaben. Haare und Bart wuchsen ihm in solcher Länge und Fülle, dass sie ihm bis auf die Füße herunterwallten und seinen Leib wie ein Kleid bedeckten.

Eines Tages, vom Geist Gottes getrieben, verließ Onuphrius die Wüste und wanderte in der Welt umher, den Menschen mit seinen vielen Wundertaten überall Gutes erweisend. Nach vielen, vielen Jahren gelangte er auf seiner Wanderschaft nach München. In derselben Gestalt und Größe, wie das Bild ihn zeigt, zog er durch das Talbrucktor in die Stadt ein.

Ein zweites Mal erschien Onuphrius im Jahre 1659 bei einem großen Brand in der Burggasse. Dort goss er Wasser in die Flammen und löschte den Brand.

In München heißt es, wer je des Heiligen Bildnis schaue, werde an diesem Tag keines jähen Todes sterben.

Im Evakostüm zur Arbeit

Die drei Holzfräulein

Nahe dem Dorf Sauerlach bei Deisenhofen erhebt sich in stiller Einsamkeit des Waldes das Wallfahrtskirchlein Staucharting. Dort wurde alljährlich am Annentag (26. Juli) eine Leonhardifahrt gehalten. Nahe dieser Kapelle befanden sich früher zwei stattliche Bauernhöfe, die im Jahre 1857 vom Staat gekauft und niedergelegt wurden. An der Stelle, an der sich die aus diesen zwei Höfen bestandene Schwaige erhob, dehnt sich heute ein prächtiger Hochwald aus.

Es ist bereits viele hundert Jahre her, so erzählten sich dort die Landleute, als im Keller des größten Hofs der Schwaige Staucharting nicht selten drei Holzfräulein zu sehen waren. Die wunderlichen Waldwesen waren fleißig und nahmen sich aller auf dem Hof anfallenden Arbeit an. Jeden Tag stellte die Bäuerin ihnen das «Grüahret» (alt-bairisch für: Vollmilch) zum Buttern hinab. Diese Arbeit taten sie sehr gerne. Auch spannen die drei Holzfräulein den Flachs und verrichteten noch andere häusliche Arbeiten.

Weil die drei aber völlig unbekleidet waren, legte ihnen die Bäuerin eines Tages, um sich für die geleistete Arbeit ein wenig erkenntlich zu zeigen, drei neue Leinenhemden in den Keller. Seit diesem Tag blieben die Holzfräulein aus und wurden auch in der ganzen Gegend nicht mehr gesehen.

Eine Tochter der Loreley

Die Isarnixe

Wenn im Isartal der Spätsommer seinen Einzug hält, sollen einsamen Spaziergänger bei den Thalkirchner Überfällen oft schmeichelnde Lockrufe ertönen. Das sei die Isarnixe, von der man erzählt, dass sie in dieser stillen Gegend hause.

Im Jahre 1487 heiratete der Bayernherzog Albert IV. Kunigunde, die Tochter Kaiser Maximilians. Bei den Feiern ging es hoch her. Viele gute Spielleute reisten gen München und musizierten zu Festmahl und Hochzeitstanz.

Unter diesen Fremdlingen war ein junger, hübscher Fant, der ein Meister im Spielen der Sackpfeife war. Er verstand es besonders, mit seinem Instrument verschiedene Vogel- und Tierstimmen nachzuahmen. Als die Kunst dieses Spielmanns in der Stadt immer bekannter wurde, kamen tagtäglich mehr und mehr Leute, um sein Spiel zu hören. Auch ein schönes Edelfräulein fand sich ein, hörte die wunderlichen Weisen und unterhielt sich manche Stunde mit dem fremden Spielmann. Als nun eines Tages der Herzog mit seinem gesamten Gefolge einen Ausflug zum Jagdschloss Grünwald unternahm, fragte das Edelfräulein den Spielmann, ob er den Mut besitze, sein Leben zu wagen.

»Es sei!«, rief der Jüngling in seinem Übermut und forderte von dem Edelfräulein eine Gelegenheit, seine Ehre zu beweisen. Da riss das ebenfalls von den Gefühlen überwältigte junge Mädchen sich ihr Geschmeide vom Hals und warf es in die Fluten der Isar. Ohne Besinnen stürzte der Spielmann sich in das reißende Wasser, um den Halsschmuck wieder herauszufischen – aber die Isar gab beide nicht wieder zurück.

Drei Tage später war auch das Edelfräulein spurlos verschwunden. Seit jener Zeit tönt ein geisterhafter Lockruf – »Tutli-i-i-I« – durch das Tal. Wehe dem, der diesem Rufe folgt! Die Wasser der Isar werden ihm ein kühles Grab bereiten.

~~~

Man wusste sich im Volk außerdem zu erzählen, dass in früheren Zeiten die Floßknechte betend die Isarwehr bei der Marienklause passierten, um vor dem Lied der Isarnixe geschützt zu sein. Es hieß, dass jeder, der ihren Gesang vernahm, bei einer seiner nächsten Floßfahrten ertrinken würde. Zur damaligen Zeit, im 18. und 19. Jahrhundert, konnte man nahe der Marienklause am Wehr stets mindestens ein halbes Dutzend Marterln – kleine Bildstöcke, Kreuze oder Gedenktafeln – sehen. Eines dieser Andenken besagte in Wort und Bild, dass an dem jähen Tod der verunglückten Flößer der Gesang der Isarnixe schuld gewesen sei.

~~~

Es wurde außerdem geraunt, dass die Isarnixe bei drohendem Hochwasser durch die Isarauen husche und einsame Wanderer durch kleine Flämmchen vom sicheren Weg

herablocke. Immer weiter zögen die so betörten Wanderer, bis das Hochwasser sie umbrause und sie nicht mehr den Weg zurück finden könnten. Ein helles Gelächter soll dann dem Verlorenen davon künden, dass er der Isarnixe zum Opfer gefallen sei.

2.

Sagen und Legenden von Jägern und Wäldern

Wer den Krieg sät, dessen Familie wird Tränen ernten

Der Künigenbrunnen

Wenn man von Eschau nach Wildensee geht, gelangt man durch ein Waldtal. Dort befindet sich ein Brunnen von seltsamer Beschaffenheit. Sein Wasser ist nicht gut zu trinken, es ist ungesund und hat einen bitteren Geschmack. Das komme von den bitteren Kummertränen, die einmal vor langer Zeit in diesen Brunnen hineingeweint wurden.

Es ist bereits sehr lange her, so lange, dass von Eschau noch kein einziges Haus stand, sondern nur das Schloss auf der Wiese zwischen dem Schleifbächlein und der Elsava. Dieses Schloss ist heute längst spurlos verschwunden, doch damals zog seine Königin hier durchs Tal.

Sie beklagte ihr großes Leid, denn ihr Gemahl war im Krieg geblieben und alle ihre Kinder waren in Feindesgewalt geraten. Drei Tage lang war sie schon durch den Wald geirrt, ihre Kleider waren von Dornen zerrissen und ihre Füße wund vom harten Gestein. Ihre Augen brannten ihr jedoch im Kopf, denn sie hatte noch keine Träne weinen können.

Beinahe zu Tode erschöpft legte sie sich unter den Buchen neben dem Brunnen nieder und meinte, das Herz müsse ihr zerspringen vor großem Weh. Schließlich erbarmte der Herrgott, hatte Mitleid mit ihr und gewährte ihrem Herzen endlich die Erlösung:

Sie hielt ihr brennendes Gesicht in den kühlen Quell, ihre Tränen lösten sich und rannen in das Wasser – jede einzelne von bitterem Schmerz erfüllt, der bis dahin im Herzen der Königin rumort hatte. Seitdem schmeckte der Brunnen nach den Tränen der Königin und wurde in der Gegend als Künigenbrunnen bezeichnet. Wie die Königin jedoch hieß und woher sie stammte, weiß man heute nicht mehr.

Ur-Opa-Trick: Gut gebrannt ist schnell gerodet

Der Name Aschaffenburg

Die Mainufer in der Nähe der jetzigen Stadt Aschaffenburg waren ehemals nichts als Wald. Als die erste Ansiedlung sich ausdehnte, bedurfte man dort des Landes zum Ackerbau. Doch das Abholzen dieses dichten Urwaldes mit von Hand geführter Axt wäre eine jahrelange Arbeit gewesen, der die Ansiedler kaum gewachsen waren: Also steckte man einfach den Wald in Brand.

Das ganze Aschafftal wurde von Bäumen entblößt und die Asche lag so dick darin, dass der ganze Bach davon bedeckt war. Die Ansiedler nannten ihn deshalb Asgaffa oder Ascaffa, was man angeblich von den altdeutschen Worten »asga« für Asche und »affa« für Fluss ableitete. Es war ja auch in der Tat ein Aschenbach. Die Aschaff floss zu jener Zeit durch die immer größer werdende Siedlung, die wir heute als Stadt Aschaffenburg kennen.

Mit Ehevertrag wäre das nicht passiert, oder?

Der wilde Jäger in dem Odenwieserwald

Auch hier sind sich die Quellen (Panzer, Grässe) offenbar nicht sicher, wo sich die Sage zugetragen hat. Der Odenwieserwald könnte eine alte Bezeichnung für den Odenwald Bayerns sein. Es ist allerdings auch möglich, dass es eine Gegend in Niederbayern ist. Ganz gleich, wo es sich zugetragen hat, die Sage selbst ist faszinierend.

Vor vielen hundert Jahren lebte ein Köhler im Odenwieserwald, der hatte eine einzige, schöne, tugendhafte Tochter namens Lili. Während ihr Vater bei seinem Meiler saß, ging sie in den Wald, um Erdbeeren – das Lieblingsessen ihres Vaters – zu pflücken. Dieses Mal ging Lili ganz tief in den Wald und fand sehr viele Beeren.

Sie gelangte an einen Bach und sah unter einer großen Buche einen großen Mann mit blassem Gesicht, neben ihm sein kohlpechrabenschwarzes Ross, seine Schweißbracken und seine Falken. Die junge Maid erschrak, verlor aber alle Furcht, als der fremde Ritter sie freundlich grüßte. Er begehrte eine Labung und die schöne Lili reichte ihm ihren Korb mit den Erdbeeren.

Danach setzte er das junge Mädchen vor sich auf das Ross und trabte gemütlich der Köhlerhütte zu. Der Köhler freute sich über den vornehmen Besuch und gewährte dem fremden Ritter gerne ein Nachtlager. Mit dem nächsten Sonnenaufgang nahm dieser einen zärtlichen Abschied von Lili und versprach, bald wiederzukommen.

Die Jungfrau aber hatte einen Geliebten, der die Schafe ihres Vaters hütete. Als die beiden sich wiedersahen, errötete Lili und war verwirrt. Der Hirt meinte, der Grund für ihre Verlegenheit liege in übler Nachrede der Leute und tröstete sie mit der Versicherung, dass sie bald heiraten würden.

Der Ritter kam nun regelmäßig in die Köhlerhütte und gewann auf diese Weise nach und nach die Gunst der Lili, sodass sie des Schafhirten nicht mehr gedachte. Der Köhler war es zufrieden, dass Lili eine gnädige Frau werden sollte und so verbrachten die beiden ungestört mehrere Monate in süßer Minne.

Eines Tages fand man den Schafhirten zerrissen im Wald. Niemand wusste, wer dieses Verbrechen begangen hatte. Die Leute fürchteten die Köhlerhütte sehr, denn es stürmte und brauste da das wilde Heer – eine zum ewigen Jagen verdammte Schar einstiger Jäger. Auch Lili konnte das lange Schweigen ihres vermeintlichen Bräutigams über sein Herkommen und seinen Stand nicht länger ertragen. Eines Tages schließlich wollten Lili und ihr Vater ihn zur Rede stellen. Der Ritter, versuchte sie davon abzubringen, aber sie beharrten darauf und er sicherte ihnen eine baldige Antwort zu.

Am Abend vor Neujahr war die Hochzeit der beiden. Es gab einen großen Hofstaat, viele Ritter und Knappen in glänzenden Rüstungen waren zugegen und es gab Turniere sowie allerlei Ritterspiele. Die schöne Braut Lili glänzte von in ihrem mit unzähligem

Gold und Edelsteinen besetzten Gewand. Der Ritter wollte seiner Braut erst in der Brautkammer eröffnen, wessen Standes er sich nenne, wessen Abkommen er sei und wo er Hof halte.

Als nun die Stunde der Mitternacht nahte, brach plötzlich ein höllisches Wetter los. Es blitzte wild, es donnerte laut, und mit einem Mal schlug eine wilde Flamme vom Himmel mitten in die Köhlerhütte hinein – und aus deren Mitte fuhr der Bräutigam mit seiner Braut in schneeweißem Gewand auf seinem schwarzen Rappen, fuhr über die Bäume des Waldes und sauste durch die Lüfte.

Der Wehruf der jungen Maid wurde noch lange gehört, bis er endlich verklang. Von der Köhlerhütte war keine Spur mehr zu sehen. Auch der Köhler war zu Asche verbrannt, denn Gott hatte ihn wegen seines Hochmuts bestraft.

Auf dem Platz, an dem einst die Köhlerhütte gestanden hatte, stand noch vor vielen Jahren ein Kreuz. Doch niemand mochte abends dort verweilen. Die Lili sah man oft mit ihrem Korb roter Beeren bei der Buche an der Quelle sitzen, hörte sie klagen und singen mit lieblicher Stimme. Manche sagen, sie gehe heute noch dort um.

Der wilde Jäger wurde immer wieder von Zeit zu Zeit gesehen, wie er in der Nacht bei Mondschein mit der jammernden Lili auf dem schnaubenden Rappen wie ein Sturmwind durch die Lüfte brauste. Wer auch immer die wilde Jagd hörte, der sprach den Namen der Lili aus – so widerfuhr ihm kein Schaden.

Wie der Blitz in den Himmel

Die Flämmchen am Zollstock

Dattensoll, heutiger Stadtteil von Arnstein, soll früher Tatzenzoll geheißen haben. Stichwort Zoll: Falls sich der geneigte, lesende Mensch wieder einmal von EU-Regulierung drangsaliert fühlt, erinnere man sich bitte nur etwas mehr als zweihundert Jahre zurück.

Jede längere Reise durch das in Klein- und Kleinstgebiete zersplitterte Mitteleuropa wäre garantiert von mehreren Halten an Zollgrenzen verschönert worden. Sind die Papiere in Ordnung? Hat man etwas zu verzollen und wenn ja, hat man auch die passende Währung in der Tasche? Nein?

Man möchte bitte zur Seite fahren, dann aussteigen und den Kofferraum öffnen – während uniformierte Menschen, die vielleicht nur eine halbe Stunde von einem selbst entfernt wohnen, ihre automatischen Feuerwaffen im Anschlag halten. Erinnern Sie sich?

Auf dem Weg von Dattensoll nach Hundsbach stand ein Zollstock. An dieser Zollschranke führte der Weg jedes Getreidebauern vorüber, der zur Schweinfurter Schranne (altdeutsche Bezeichnung für: Getreidehalle) fahren wollte. Hier kamen sie vom Fuldaischen ins Würzburgische und mussten am Mautplatz die Tatze, ihren Zoll, bezahlen.

Wenn die Nächte besonders finster und schauerlich waren, vielleicht in den rauen Nächten um die Jahreswende, aber auch zur Zeit der Sommersonnenwende, wurden die späten Heimkehrer hier am Zollstock oft von zwei flackernden, bläulichen Flämmchen erschreckt.

Diese Flämmchen waren die Seelen zweier Bösewichte, die an dieser Stelle einen von der Schranne heimkehrenden Bauern totgeschlagen und seine randvolle Geldkasse unter sich aufgeteilt hatten. Doch die mörderischen Gesellen sollen nicht weit gekommen sein: Ein Blitzstrahl habe ihrem Verbrecherleben ein schnelles Ende gesetzt. Noch heute sollen ihre Seelen an der Stätte des einstigen Mordes umgehen und die Leute erschrecken, die zu später Stunde am Zollstock vorbeikommen.

Coiffure »Madame Agnes« – auch nachts geöffnet

Die »lange Agnes« im Walde bei Furth

Im Wald zwischen dem Grenzstädtchen Furth und dem Markt Eschlkam entspringt ganz in der Nähe des Fußwegs eine kleine Quelle aus dem Boden, die bei den Menschen seit alters her verrufen ist. Niemand wagte es, nach dem Abendläuten dieser Stelle zu nahe zu kommen – denn dort treibe seit undenklichen Zeiten die »lange Agnes« ihr Unwesen.

Wer eine Sünde begangen, insbesondere aber ungerechtes Gut an sich gebracht habe, über den gewinne das boshafte Gespenst Macht und deshalb drangsaliere es

diese Sünderin oder diesen Sünder in empfindlicher Weise. Die Marter bestehe darin, dass die lange Agnes ihr Opfer in das Wasser des Brünnchens tauche und dem Bedauernswerten dann den Kopf mit Bürste und Stahlkamm bearbeite, sodass er Haut und Haare verliere.

Es wird erzählt, dass die lange Agnes zu ihren Lebzeiten ein bitterböses und habgieriges Weib gewesen sei. In ihrer hoch gestreckten, hageren Gestalt habe sie sich ganz und gar in die Sorgen um das Zeitliche versenkt, dass sie sogar den Tag des Herrn nicht heilig gehalten habe.

Man soll sie oft dabei gesehen haben, wie sie selbst an hohen Festtagen im Bach stand und ihre Wäsche schwemmte. Weder die wiederholten Ermahnungen ihrer Angehörigen noch die drohenden Strafreden des um ihre Seele besorgten Pfarrers konnten sie von diesem sündhaften Tun abhalten. Wegen ihrer verstockten Sinne soll ihr nach dem Tod die Ruhe der Seligen versagt worden sein und sie müsse deshalb bis zum Tage des Jüngsten Gerichts an jenem Brünnchen als Gespenst umgehen.

Manchmal könne man das Klopfen ihres Wäschebleuels in der Geisterstunde eine halbe Meile weit durch den Wald schallen hören und dieses schreckliche Geräusch würde vom Gekrächze der Nachtvögel noch unheimlicher gemacht.

Unfreiwillig per Anhalter durch die Galaxis

Die wilde Jagd bei Lengenfeld

Zwischen Lengenfeld und Stoffen am Lech lag auf einer hohen Ebene eine wilde, weite Ödung. Man erzählte sich in den vergangenen Jahrhunderten, dass dort die wilde Jagd es immer am wütendsten trieb und dort am längsten verweilte.

Eines Tages wanderte ein Mann aus Hofstätten über das unwirtliche Feld. Er hatte sich verspätet und es dunkelte bereits. Da vernahm er mit einem Mal aus der Ferne ein Heulen und Sausen, als wolle sich ein furchtbarer Sturm erheben. Als er stehenblieb und sich umsah, kam die wilde Jagd in den Lüften daher. Der Mann hatte jedoch – offenbar erstarrt vor Schreck – vergessen, sich auf den Boden zu werfen und so hoben ihn die wilden Jäger wie ein Spielzeug vom Erdboden auf und rissen ihn mit sich fort.

Viele Wochen war der Mann von der Erde entfernt. Kein Mensch wusste, wohin er gekommen oder was überhaupt mit ihm geschehen war, und seine Familie hielt ihn schon für tot. Eines Tages jedoch kam er auf einmal wieder zurück, doch er wusste weder, wo er gewesen, noch, wie er wieder zurückgekommen war.

Von dieser Zeit an waren seine Sinne wie verwirrt. Es schwindelte ihn, wenn er an sein Abenteuer dachte und auch den Leuten wurde schwindlig, wenn sie ihn davon erzählen hörten. Zeit seines Lebens blieb der Mann still und in sich gekehrt, zeigte weder Freude noch Trauer und verbrachte seine Tage im stumpfen Vor-Sich-Hin-Brüten. Was zu der damaligen Zeit an Hütten und Herbergen in diesem Gebiet stand, ist heute längst verschwunden. Nur die Wildnis wuchert und gedeiht über dem felsigen Boden.

Eine ähnliche Variante dieser Sage nennt die Verursacher das »wilde Gejäg«. Auch hier ist das Opfer ziemlich »mitgenommen«. Der arme Mann stammte aus Hofstetten und das Unheil ereignete sich zwischen Lengenfeld und Stoffen.

Wachhund Gockel

Vom Pfennigsberg

In der Nähe von Hofdorf nennt man einen ganz bestimmten Hügel noch heute gelegentlich den Pfennigsberg. Von diesem Ort geht die Sage, dass dort vor vielen Jahrhunderten inmitten eines Birkenwaldes ein stolzes Schloss gestanden habe. Der Schlossherr sei ein rechter Prasser bei seinen eigenen Belangen, aber ein ausgemachter Geizhals anderen gegenüber gewesen.

Die Hofdorfer Bürger besaßen nach altem Brauch das Recht, aus dem bezeichneten Wald Birken für ihren Bedarf zu holen. Eines Tages aber widersetzte sich der Schlossherr diesem alten Recht, sodass die Hofdorfer längere Zeit keine Birken holen konnten.

Nun geschah es eines Sommers, dass eine längere Trockenheit die Wasservorräte der gesamten Gegend dezimierte und sogar die Aitrach zum Versiegen brachte. Allen Menschen mangelte es an lebensnotwendigem Wasser. In dieser Not hofften die Hofdorfer Christen, durch einen Bittgang zur Wallfahrtskirche auf dem Dreifaltigkeitsberg

den ersehnten Regen herbeibeten zu können. Sie wollten den Weg der Prozession, wie es in vielen Gemeinden Brauch war, wie üblich mit Birken schmücken. Diese mussten sie allerdings aus dem Schlosswald holen, da es in der ganzen Umgebung keine anderen Birken gab. Der Schlossherr verweigerte jedoch die Abgabe. Es kam zu Verhandlungen und schließlich gab der Schlossherr nach: Die Hofdorfer sollten sich ihre Birken fällen dürfen – wenn sie für jedes Blatt einen Pfennig bezahlten. Einen derartigen Wucherpreis konnten sich die Hofdorfer nicht leisten.

Die Bürger beschlossen daher, die Birken trotzdem zu holen und machten sich nachts heimlich in den Wald. Aber der Schlossherr hatte die volle Absicht, jedem Einfall in seinen Wald mit sofortiger Gegenwehr zu begegnen – sogar mit der Waffe.

Der Knauser aber hatte keinen menschlichen Wächter und musste sich eines abgerichteten Hahns bedienen. Sein krankhafter Geiz verbot ihm sogar das Halten eines Wachhunds, denn der gierige Köter würde ihm ja sicherlich die Haare vom Kopf fressen.

Es blieb also nur der Hahn. Dieser sollte laut krähen, wenn er ein verdächtiges Geräusch hörte. Um Mitternacht krähte der Hahn – aber niemand wusste, warum. Plötzlich entstand ein schauerlicher Lärm. Es blitzte und donnerte und das Schloss versank mit allem, was sich darin befand, für immer im Erdboden. In Hofdorf soll man seit dieser Begebenheit immer um Mitternacht einen Hahn krähen hören – nur am Vorabend von Fronleichnam bleibe es still.

3. Sagen und Legenden von Hexen, Zauberern und Zwergen

Wasserfräulein werden ist nicht schwer, Wasserfräulein sein dagegen sehr

Das Bodloser Loch

In der Sauerwiese bei Oestheim befand sich eine sumpfige Vertiefung, welche man früher das Bodloser Loch nannte. Das Bodloser Loch sei eine Meeresader, weil das Wasser darin nie versiege. Im Bodloser Loch befanden sich vor vielen Jahren zahlreiche Wasserfräulein, die gelegentlich aus dem Loch hervorkamen, um dann später wieder im Wasser zu verschwinden. Manchmal, wenn die Leute zur Arbeit auf dem Feld waren, gingen die Wasserfräulein in die Häuser, kochten den Kindern leckeren Brei und pflegten sie.

~~~

In Oberoestheim gab es einen Platz, den man die Tanzwiese nannte. Dort gingen die Wasserfräulein oft hin und vergnügten sich beim Tanze. Einmal aber verspätete sich eines dieser Fräulein. Es eilte zurück zum Bodloser Loch und sagte zu ihrem Begleiter:

»Siehst du einen Wasserstrahl emporsteigen, so werde ich nicht gestraft. Wenn aber ein Blutquell kommt, so habe ich meine Strafe erlitten.«

Kurz nachdem sie verschwunden, stieg ein Blutstrahl aus dem Bodloser Loch.
~~~

Encyclopaedia Bergmännlica

Beschwörung der Bergmännlein

In Nürnberg lebte vor hunderten von Jahren ein Mann namens Paul Creuz. Der kannte eine sehr sonderbare Beschwörung: An einer ganz bestimmten Stelle positionierte er vorsichtig ein neues Tischlein und deckte ein weißes Tuch darauf. Dazu stellte er zwei Milchschüsselchen, zwei Honigschüsselchen, zwei Tellerchen und neun Messerchen. Dann nahm er eine schwarze Henne und zerriss sie über einer Kohlpfanne, sodass das Blut in das Essen hineintropfte. Schließlich warf er einen Teil des Essens in Richtung Morgen, das andere in Richtung Abend und begann seine Beschwörung.

Als die Formeln gesprochen waren, lief er hinter einen grünen Baum. Von dort konnte er sehen, dass zwei Bergmännlein sich aus der Erde hervorgetan und zu Tisch gesetzt hatten. Nun taten sie sich an dem Essen gütlich und der Duft eines kostbaren Rauchwerks, das Creuz ebenfalls auf den Tisch gestellt hatte, umgab sie. Danach ging er zu ihnen an den Tisch und legte ihnen Fragen vor, die sie stets alle beantworteten.

Wenn Creuz diese Beschwörungen regelmäßig aufführte, wurden die kleinen Geschöpfe so vertraut, dass sie sich auch zu ihm ins Haus einladen ließen. Hatte er bei den Vorbereitungen oder dem Sprechen der Formeln etwas falsch gemacht, erschienen sie nicht oder verschwanden schnell wieder. Eines Tages schaffte Paul Creuz es, auch ihren König an seinen Tisch zu locken. Der König erschien alleine, in ein scharlachrotes Mäntelchen gekleidet. Er trug ein Buch bei sich, das er auf den Tisch legte, und erlaubte seinem Banner, so viel und so lange er wollte darin zu lesen. Aus diesem Buch – dessen Name niemand kennt – hatte Creuz große Weisheiten und viele Geheimnisse erfahren.

Nachwuchsförderung in der Hexen-Bundesliga

Das Hemdabwerfen

In Coburg saßen am Weihnachtabend mehrere Mädchen zusammen. Sie waren neugierig, was sie in der Zukunft erwartete und wollten deshalb erkunden, wer ihre künftigen Liebhaber sein mochten. Tags zuvor hatten sie, wie es sich für solche Dinge

gehörte, neunerlei Holz geschnitten – und als die Mitternacht kam, machten sie ein Feuer im Gemach. Die Erste zog ihre Kleider ab, warf ihr Hemd vor die Stubentür und sprach ins Feuer:

»Hier sitz' ich splitterfasernackt und bloß, wenn doch nur mein Liebster käme und würf' mir mein Hemd in den Schoß!«

Sogleich wurde ihr das Hemd wieder hineingeworfen und sie merkte sich das Gesicht dessen, der es tat, denn dieses erschien über dem Feuer. Diesen jungen Mann wollte sie von nun an freien.

Nun zogen sich auch die anderen Mädchen geschwind aus, neugierig, ihren zukünftigen Schatz zu sehen. Aber in ihrer jugendlichen Hast warfen sie ihre Hemden zusammen und diese landeten, zu einem großen Klumpen gewickelt, vor der Kammertür.

Nun konnten sich die Geister nicht mehr zurechtfinden und begannen in ihrer Wut zu lärmen und zu poltern, dass den Mädchen angst und bange wurde. Schnell löschten sie ihr Feuer und krochen in ihre Betten. Am nächsten Morgen lagen ihre Hemden noch immer vor der Türe – in viele tausend kleine Fetzen zerrissen.

Wenn Raben Pyrrhus spielen

Das Spatzenbild

Eines Tages, es liegt schon viele Jahrhunderte zurück, ging ein Hessenthaler Bauer aus der Stadt nach Hause und nahm seinen Weg über die hohe Wart. Er hatte den Weg schon oft genommen, achtete deshalb nicht groß darauf und ging in seinen Gedanken dahin.

Auf einmal hörte er in der Luft ein fürchterliches Geschrei, blickte auf und sah zwei Raben im verzweifelten Kampf gegeneinander. Sie stiegen auf und sanken wieder, ließen aber nicht nach, landeten Treffer um Treffer und zerfleischten sich mit ihren starken Schnäbeln.

Der Bauer blieb stehen und wollte abwarten, was aus der Geschichte würde. Es dauerte jedoch nicht mehr lange, bis der ungeheuer brutale Kampf seinen Tribut

forderte. Erst wurde der eine Rabe schwächer, dann der andere, und kurze Zeit später fiel gleich vor dem Bauern ein Rabe tot zur Erde und nur kurz später auch der andere. Der Bauer wollte sich die toten Raben besehen, die nur ein Paar Schritte von ihm lagen – doch es waren beide verschwunden.

Da fiel dem Bauern ein, dass er sich an der unseligen Stelle befand, wo sich vor vielen Jahren zwei Männer in der Hitze des Streites gegenseitig erschlagen hatten. Er vermutete, dass sie in ihren Sünden ohne Reue und Buße keine Ruhe im Grabe gefunden haben mochten. Der Bauer ließ zu ihrem Gedächtnis einen Bildstock an den Weg von Dörmersbach in die hohe Wart setzen, dass die dort vorbeikommenden Wanderer ein frommes Gebet für die Erschlagenen beten möchten. Dieser Bildstock trug die folgende Aufschrift:

HANS HENRICH SPATZ
VON HESLENDAHL 1745

Ein Gesäß-Matthias

Der bayerische Hiasl

Der bayerische Hiasl war in seiner Zeit ein berüchtigter Spitzbube. Geboren in Kissing bei Friedberg, soll er sich eine Zeitlang im Jexhof, einer Einöde mitten im Schöngeiseninger Forst, aufgehalten haben. Obgleich er den Jägern sagen ließ, sie sollten herauskommen, wenn sie den bayerischen Hiasl sehen wollten, so wagte es doch keiner und der Räuber konnte weiter schalten und walten.

In der Nähe des Jexhofs befand sich eine Höhle im Wald, genannt Kuchelschlag. Diese diente früher Räubern als Aufenthaltsort und auch der bayerische Hiasl soll hier mit seinen Leuten eine Zeit lang Quartier genommen haben. Der gefürchtete Räuber begab sich hier furchtlos in den Wald und wählte sich unter den Wildschweinen – die ein eigens dafür bestellter Wildhüter füttern musste – die schönsten aus, die er dann in der Höhle mit seinen Leuten verzehrte, ohne dass der Wildhüter etwas dagegen tun konnte.

Von hier aus überfielen die Räuber zahlreiche Bauernhöfe in der Nachbarschaft und der weiteren Umgebung. Als sie, von den Gerichten verfolgt, endlich abziehen

mussten, hinterließen sie angeblich viele Schätze, die sie in der Eile nicht mitnehmen konnten. Diese habe dann der Teufel als herrenloses Gut in Verwahrung genommen. Schatzgräber haben vielfach umsonst versucht, diese Schätze zu heben – denn diese sollen immer tiefer im Boden versinken.

Matthäus Klostermayr wurde (vermutlich als Matthias Klostermair) tatsächlich 1736 in Kissing geboren. Man nannte ihn den »Bayrischen Hiasl«, denn Hiasl ist bairisch für seinen Vornamen Matthias. Er trat zunächst als Wilderer in Erscheinung, wurde jedoch zunehmend immer gewalttätiger – was seinem Rückhalt in der ärmeren Bevölkerung keinen Abbruch tat.

Auch ein Strafregister, das in nur fünf Jahren mit neun Tötungen, vorsätzlicher roher Gewalt und Dutzenden von Raubüberfällen längst die Todesstrafe bedeutete, tat seiner Beliebtheit offenbar wenig an.

Die Bedrohung durch seine Bande war derart groß, dass die Behörden verschiedener deutscher Länder, Fürstentümer, Grafschaften und Stifte ihre oft nicht unerheblichen Differenzen beiseitelegten und sich zum Kampf gegen den Terror Klostermayrs verbündeten.

Diese Taktik sollte Erfolg haben. Klostermayr wurde am 06. September 1771 in Dillingen an der Donau hingerichtet: erdrosselt, anschließend zertrümmert, geköpft und gevierteilt.

Chauffiert mit dem Strohballen

Die Hexe von Menzing

Ein junger Mann schlich sich vor vielen Jahren nachts zum Kammerfenster seiner Geliebten, die in Menzing an der Würm wohnte. Als er sich dem Haus näherte, sah er das Zimmer seines Mädchens hell erleuchtet – und als er neugierig hineinblickte, sah er, wie sie einen Bund Stroh zusammenband und denselben mit allerlei Bändern und Flitterwerk zierte. Nach einigem Zögern klopfte der Bursche ans Fenster und fragte seine Liebste, was sie denn mache. Diese gab nur zur Antwort:

»Ich fahre aus. Wenn du mit mir reisen willst, so kannst du dich zu mir setzen. Rede aber kein Wort, sonst wirst du unglücklich.«

Der junge Mann brannte darauf herauszufinden, was seine Geliebte denn um Himmels willen treiben möge. Er stieg in die Kammer, setzte sich auf den Bund Stroh und gab ihr sein Versprechen, zu schweigen.

Das Mädchen nahm eine Büchse aus der Tasche ihres Kleides, bestrich sich selbst und ihrem Geliebten die Nase mit einer Salbe – und gleich darauf begann die Reise. Diese führte durch den Kamin, zum Schornstein hinaus und dann durch die Luft fort und immer weiter fort, in weit entfernte Gegenden.

Mit einem Mal fuhren sie sehr nah an einem Weinkeller vorüber, wo man eben mit dem Lichtern beschäftigt war. Die junge Frau steuerte den Strohballen sehr niedrig und der junge Mann fürchtete, dass die Leute am Weinkeller, die dem Strohbund nun sehr nahe waren, ihn versehentlich in Brand stecken könnten.

In seiner großen Angst schrie er auf – und schon im nächsten Augenblick lag er auf dem Boden, während seine Geliebte auf dem Strohbund seinen Blicken entschwand und ihre Luftreise offenbar unbekümmert fortsetzte.

Der Keller, bei welchem er auf den Boden gefallen war, lag in der Nähe von – Wien! Wie es der Zufall wollte, war der Kellermeister jedoch ein alter Bekannter von ihm, denn sie hatten sich vor wenigen Jahren in München kennengelernt. Der Kellermeister fragte nicht, wie er hierhergekommen sei, und half ihm, seine Reise in die Heimat zu ermöglichen.

Als der junge Mann endlich wieder nach Menzing kam, traf er seine Geliebte auf dem Feld bei der Arbeit. Er machte ihr große Vorwürfe, die sie offenbar nicht im Geringsten beeindruckten, denn sie sagte nur:

»Ich hatte dir gesagt, du sollst schweigen. Hättest du geschwiegen, so hättest du mit mir auf den Blocksberg zum Tanz fahren können. Es war dort recht lustig und ich bin schnell wieder zu Hause gewesen, während du einen schönen Umweg hast nehmen müssen.«

Die Katze von Anzing versetzte ebenfalls scharenweise Menschen in Angst und Schrecken: Stürmer und Läufer, Filigrantechniker und Bolzer, ob mit dem Spann, der Pike, der Hacke oder mit dem Kopf – keiner hatte was zu wollen. Der Kater Josef schwang sich in die Lüfte,

schlug mit beiden Pfoten alles außer Reichweite und wenn alles nichts mehr half, fuhr er die Krallen aus. Sein Häuschen quoll über von Pokalen und ein Aufatmen ging durch das Land, als er 1979 endlich in Ruhestand ging.

Aufgeseilt

Die Wetterhexe

Bei den Recherchen hat Ihr Autor herausgefunden, dass man sich diese Sage vermutlich in der Gegend der Oberpfalz erzählte. Mindestens eine der Quellen nannte auch den tschechischen Ort Nýrško als möglichen Handlungsort. Wann sie spielt, wird nicht erwähnt.

An einem schwülen Sommertag kam unaufhaltsam ein Gewitter herangezogen. Trotz allen Läutens mit sämtlichen Glocken und immerwährenden Betens blieb das Gewitter über Neuern auf einer Stelle stehen. Es begann, fürchterlich zu blitzen und zu donnern.

Damals hatten die Neuerner einen sehr frommen Pfarrer. Der Mann Gottes ging mit der Monstranz hinaus und sprach den Segen zum Gewitter hinauf. Aber das war alles vergebens. Dann nahm er eine gläserne, von hoher Macht geweihte Kugel, lud sie in sein Gewehr und schoss sie ins Gewitter.

Daraufhin ließ sich eine weibliche Gestalt langsam zur Erde nieder. Er begleitete sie in die Pfarrei und verhörte sie. Die Frau gab ihm zur Antwort, sie habe schon öfter mit Gewittern hier durchziehen wollen und jedes Mal habe sie heftiges Hundegebell daran gehindert. Das Hundegebell aber war der Glockenschall der Neuerner Kirchen gewesen.

Der Pfarrer übergab sie als Hexe dem Gericht und sie wurde zum Feuertod verurteilt. Als der Scheiterhaufen fertig war und sie bereits darauf stand, erbat sie sich als letzte Gnade einen Knäuel Zwirn. Das Holz unter ihr hatte bereits zu brennen begonnen, als die Hexe das Ende des Zwirnfadens um einen Finger der linken Hand wickelte. Dann warf sie mit der rechten Hand den Knäuel mit einem lauten Schrei in die Höhe, fuhr blitzschnell dem Knäuel nach in die Luft und das Holz verbrannte umsonst:

Der Teufel hatte sie am Faden fortgezogen.

Kein Anglerinnenlatein

Herrin der Fische

Es ist bereits viele Jahre her, da ließen die Fischer den Zauberweiher zu Brückelsdorf ab, um die Fische herauszuholen. Mit einem Mal kam eine fremde Frau dazu. Sie hatte gelbe Wangen und rote Augen, trat ohne Gruß in den Schlamm und nahm den größten Fisch heraus. Einer der Fischer rief zornig:

»Lass' du Hex' meine Fische und hole sie dir vom Teufel aus der Hölle, wenn du deren nötig hast!«

Als sie diese Worte hörte, schwoll die Frau vor lauter Zorn an wie eine Kröte und rief im Weggehen, mit ihren roten Augen nach den Fischen schielend:

»Das ist euer letzter Fang! Von nun an gehört der Weiher mir und nicht einen Fisch werdet ihr je wieder herausnehmen!«

Seitdem ruht ein Fluch auf dem Zauberweiher. Man sieht dort deutlich Fische schwimmen – wenn aber das Wasser zum Fischen abgelassen wird, ist keiner mehr da.

Ein Stühlchen, sie alle zu kennen

Hexen erkennen

Früher dachten die Menschen, dass die Hexen eine große Plage seien. Also überlegte man sich, wie man diese erkennen könne, bevor sie ihren Schabernack trieben. Eine dieser Anleitungen ist uns aus Bad Kötzting überliefert:

Man müsse sich aus neunerlei Holz ein Stühlchen machen: vier Beine, vier Keile und das Brett. In der Christmette müsse man sich dann auf so ein Stühlchen knien.

Zwei Kötztinger Burschen hätten es einmal probiert und dabei gesehen, dass die schönsten Bürgerstöchter des Marktes bei der Wandlung das Gesicht abwendeten. Danach mussten die beiden mit ihren Stühlchen dreimal um die Kirche laufen – und die Kötztinger Kirche war sehr groß.

Als die beiden jungen Männer endlich zum Torbogen der Burg hinauswollten, hätten die Hexen sie schon beim Wickel gehabt und derartig zerkratzt, dass ihnen das Blut heruntergelaufen sei. Mit Mühe und Not konnten sie sich in ein Haus retten, sonst hätten die Hexen sie erledigt.

Verzettelt

Zauberzeddel

Der Student Christian Elsenreiter wohnte zu Anfang des 17. Jahrhunderts in der Stadt Passau in einem Gässchen hinter dem Rathaus. Dort versuchte er, durch das Anfertigen von sogenannten Zauberzetteln, die gegen alle Verwundungen schützen sollten, Ansehen und Reichtümer zu erlangen. Auf den Zetteln waren diese Worte zu lesen:

›Teufel hilf mir; Leib und Seel' geb ich Dir.‹

Wer sich gegen jede Kugel, gegen jede Lanze und gegen jedes Schwert absichern wollte, musste – so stand es in den einschlägigen Büchern – lediglich einen solchen Zettel verschlucken und sein Leben war für alle Zeiten gegen diese Waffen geschützt. Starb er aber in den ersten 24 Stunden nach dem Verschlucken des Zettels, so würde seine Seele für immer dem Teufel gehören.

Die Vorurteile des damaligen Zeitalters und die allgemeine Unbedarftheit der Menschen kamen dem Erfinder günstig zugegen. In kürzester Zeit waren diese vermeintliche Kunst unter dem Namen »Passauer-Kunst« und der Bezeichnung »Passauer-Zeddel« allgemein bekannt.

Im Dreißigjährigen Krieg – und besonders im oberösterreichischen Bauernkrieg unter Kaiser Ferdinands II. Regierung – sollen sich sehr viele Soldaten und Bauern dieses Mittels bedient haben. Selbst der in der Zeitgeschichte bekannte Stefan Fadinger – seines Zeichens Bauer, Hutmacher und Oberhauptmann der aufständischen Bauern – soll fest an die Unverletzbarkeit seines Körpers durch diese Zettel geglaubt haben.

Aus die Laus
Das Weib mit den Läusen

Vor vielen, vielen Jahren ging in Wernfeld ein zehnjähriger Junge in den Garten seiner Eltern und wollte Salat für seine Mutter holen. Da kam eine ältere Frau auf ihn zu und setzte ihm eine Menge Läuse auf den Kopf. Der Junge lief gleich wieder ins Haus zu seiner Mutter und berichtete ihr alles.

Die Mutter erkannte gleich, dass diese Frau eine Hexe war, und wusste auch, wie man sich an ihr rächen konnte. Sie suchte den Kopf ihres Buben ab, entfernte die Läuse, legte drei davon auf den Deckel eines nagelneuen Kochtopfs und schlug mit einem unbenutzten Kochlöffel heftig auf das Ungeziefer ein.

Während dies geschah, bekam die Hexe eine mächtige Tracht Prügel, ganz gleich, wo sie sich gerade befand. Schon erschien das böse Weib am Fenster und rief:

»Hör' auf, hör' auf! Du schlägst mir dauernd auf den Kopf!«

Die Mutter aber schrie zurück:

»Wenn du meinem Buben noch einmal Läuse auf den Kopf setzt, so tue ich es wieder!«

Daraufhin verschwand die Frau – und bis heute hat niemand wieder etwas von ihr gehört oder gesehen.

Die Roten sind unter den Bayern!
Die roten Männlein vom Trauberg

In den meisten ursprünglichen Versionen der Sage wird der Ort »Marlenbrunn« genannt, doch dieser ist heute auf keiner Karte mehr zu finden.

Im Trauberg bei Marienbrunn hausten kleine rote Männlein. Diese waren so scheu, dass man sie nur selten sehen konnte. Sie sammelten viele Schätze, verbargen sie im Erdinneren und es hieß, dass davon einmal der Berg ausgehöhlt sein und zusammenstürzen würde.

Einmal gelang es jemandem, eines dieser Männchen zu fangen. Es bat und bettelte, dass er es doch wieder freiließe. Weil der Mann es aber nicht tun wollte, drohte das Männlein ihm plötzlich damit, es werde großen Schaden an seinem Vieh anrichten. Das wollte der Mann nun wirklich nicht, also ließ er es doch frei. Als er dann wieder nach Hause ging, stolperte er immer wieder über große Wurzeln und Steine, die plötzlich unter jedem seiner Schritte zu liegen schienen.

~~~

Wenn ein das Vieh hütender Junge in der Nähe des Traubergs oder gar auf dem Trauberg selber recht laut schreit, mit der Peitsche knallt oder sich aus Übermut einer Kuh an den Schwanz hängt und sich von ihr ziehen lässt, so würden es die roten Männchen vom Trauberg ihm in der Nacht heimzahlen:

Sie hocken sich auf seine Brust, machen sich so schwer wie Blei und drücken ihn, dass er fast nicht mehr atmen kann – und beim nächsten Mal die ihm anvertrauten Tiere vernünftig behandelt.

Die verlassene Bäckerei im Zwergenloch

Zwerge leihen Brot

Der ehrwürdige Pfarrer Hedler, welcher seinerzeit die Gemeinden Selbitz und Marlsreuth betreute, berichtete im Jahre 1684 von einer sonderbaren Begebenheit. Zwischen den beiden genannten Orten lag im Wald eine Öffnung, die allgemein das Zwergenloch genannt wurde. An diesem sollen damals schon seit mehr als hundert Jahren Zwerge unter der Erde gewohnt haben, die von einigen Einwohnern aus Naila die notdürftige Nahrung erhalten haben sollen.

Herr Albert Steffel, 70 Jahre alt und im Jahre 1680 gestorben, sowie Herr Hans Kohmann, 63 Jahre alt und 1679 gestorben, galten unter ihren Mitbürgern als zwei ehrliche und glaubhafte Männer. Diese beiden sollen viele Male berichtet haben, dass Hans Kohmanns Großvater eines Tages auf seinem bei diesem Loch gelegenen Acker gearbeitet habe. Seine Frau habe ihm wie üblich frischgebackenes Brot zum Frühstück aufs Feld gebracht und in ein Tüchlein gebunden neben den Acker gelegt.
~~~

Kurz darauf sei ein Zwergweiblein des Wegs gekommen und habe den Ackermann um sein Brot angesprochen. Ihr Brot sei noch im Backofen, aber ihre hungrigen Kinder könnten nicht darauf warten. Würde er ihr etwas von seinem Brot geben, so würde sie es ihm mittags wieder mit ihrem eigenen erstatten.

Der Großvater habe eingewilligt und wie angekündigt sei das Zwergweiblein mittags wiedergekommen, habe ein sehr weißes Tüchlein ausgebreitet und darauf einen noch warmen Laib gelegt. Sie habe sich vielmals bedankt und gebeten, er möge ohne Scheu vom Brot essen. Das Tuch wolle sie später wieder abholen.

So sei es auch geschehen und dabei habe sie zu ihm gesagt, es würden dieser Tage so viele Hammerwerke errichtet, dass ihr Zwergenvolk darüber sehr beunruhigt sei und wohl bald die so lange geliebte Heimat verlassen müsste. Auch das Schwören und Fluchen der Leute, sowie die Entheiligung des Sonntags, indem die Bauern sündlicherweise vor der Kirche ihr Feld beschauen gingen, vertriebe sie aus ihrem Zwergenloch.

Viele Jahre später hatten sich mehrere Bauernknechte aus der Gegend – natürlich ausgerechnet an einem Sonntag – mit angezündeten Spänen in das Zwergenloch begeben. Dort fanden sie zunächst einen schon verfallenen und sehr niedrigen Gang. Nach einer Weile fanden sie einen weiten, wohl über viele Jahre fleißig in den Felsen gearbeiteten Raum, viereckig, gut zwei Meter hoch – und auf jeder Seite befanden sich viele kleine Türchen. Darüber kam ihnen das Grausen und sie gingen gleich wieder hinaus. Niemand weiß, was sich hinter den Türchen befand.

4.
Sagen und Legenden von Kirchen und Klöstern

Baumeister Ameise GmbH & Co. KG
Das Eichenberger Kapellchen

Bei Eichenberg steht eine kleine Kapelle mit einem besonderen Muttergottesbild. Dieses Bild stand früher unter freiem Himmel, als sich aber die Zahl der Andächtigen mehrte, wollte man eine Kapelle bauen und das Bild dort hineinsetzen. Es wurde ein geeigneter Bauplatz ausgewählt und dort das Bauholz aufgefahren. Am nächsten Morgen hatten Ameisen das Holz fortgetragen, es an die Stelle des Gnadenbildes gelegt – und dort wurde nun auch die Kapelle errichtet.

»Deine Treu hat ihren Lohn dahin.«
Albertus Magnus zu Lauingen

Ludwig Bechsteins Version dieser Sage aus dem Jahre 1853 soll in unveränderter Gänze wiedergegeben werden. Wiederum wurden lediglich Abschnitte der besseren Lesbarkeit wegen eingefügt sowie direkte Rede mit moderner Zeichensetzung versehen.

Im Städtchen Lauingen ist der große Albertus geboren, der ein Bischof war und ein Zauberer, das letztere aber vor dem ersten. Er war ein Meister in allen geheimen Künsten und gebot über die Geister. Wandelnde Menschen brachte er durch Kunst hervor und redende Häupter. Mehr als eine schöne Mär geht von ihm in Liedern um,

wie er zu Paris jene verbuhlte Königin gestraft und bekehrt, die ihre Liebhaber in den Turm von Nesle lockte und darin verderben ließ, damit keiner ihre Schande ansage, auch wie er die Minne der jungen Königstochter mit Listen gewann.

Albertus Magnus konnte den Winter in den Sommer umzaubern, wie er durch sein Gastmahl zu Köln bewies, das er dem König Wilhelm am heiligen Dreikönigstag im Jahr 1248 gab. Damals – vor sechshundert Jahren – es ist schon lange her, gab es noch Tausendkünstler; heutzutage gibt es keine mehr.

Einst hatte Albertus mit einem guten Gesellen Umgang, der schmeichelte ihm sehr und warb eifrig um des Magnus Freundschaft, und da ihm Albertus einen Dienst erwiesen, so verschwur er sich hoch und teuer, wann er zum Glück gelange, dem Meister das nie zu vergessen, schwur es bei dem Becher Wein, den er in der Hand hielt, denn sie tranken gerade miteinander – und da ereignete es sich gleich darauf, dass der dankerfüllte Freund zu großem Glück gelangte, das wuchs und wuchs ihm wunderbar zu Häupten, und wurde endlich gar ein König, und lebte als solcher schon drei Jahre herrlich und in Freuden, und scharrte sehr unköniglich viel Geld und Gut zusammen, und war geizig und karg über alle Maßen. Albertus aber war indes in tiefe Armut gefallen und nahete als Bettler dem Könige, dem er einst wohlgetan, und erinnerte ihn an dieses Einst und flehte, seine Not zu mildern. Der König aber rief:

»Ei seht einen solchen frechen Lump und Strolch! Viel hätten wir zu tun, sollten wir uns jedes Vagabunden und Fechtbruders erinnern, da wollten wir viel lieber nimmer König sein!«

»So sei's gewesen«, sprach Albertus, und da fiel dem Träumer – denn alle Herrlichkeit war nur ein Wonne- und Weintraum gewesen – der Pokal aus der Hand und zerklirrte, und jener fuhr erschrocken auf und staunte, und Albertus sprach:

»Fahr hin, Geselle! Deinen Sinn mir zu offenbaren, war ein Traum von drei Minuten lang genug, die doch drei Jahre dir gedünket! Deine Treu hat ihren Lohn dahin.«

Hernachmals ist zu Lauingen auf einem Turme des berühmten Eingebornen Albertus Bildnis aufgestellt worden, und sein Andenken lebte dort nicht minder fort von Kind zu Kindeskind wie zu Köln und Regensburg und in seinen Schriften von den Tugenden der Tiere, Kräuter und Edelgesteine, von den Naturheimlichkeiten und der Frauen Rosengarten, denn er war ein weiser Meister über alle.

Ihr ergebener Autor wollte Ihnen alleine schon wegen des ersten Wortes im letzten Abschnitt das Original nicht vorenthalten: Hernachmals.

Auffällig ist außerdem der dicke, rote Faden in allen Sagenregionen: Kirche und Klerus waren die Herren des Mittelalters. Während der Predigt, ob mit Wort oder Schwert, wurde nicht widersprochen. Doch sobald der Kurfürst im Schloss, sobald der Pastor in der Sakristei, sobald der Christenmensch beim Frühschoppen saß oder das Sonntagsmahl bereitete, aus dem Umfeld erklangen die Stimmen, die einen Johannes Trithemius oder einen Albertus Magnus zum eigenen Gegenpapst werden ließen – und aus dem zu Staub zerfallenen Hauch dieser weißen Rosen werden wir genährt.

Sankt Kümmernis

Die Kümmernisbilder

Aus Lauingen stammt außerdem die Sage der frommen Jungfrau Kümmernis. Auch diese wurde und wird vielfach in deutschen Landen erzählt. Künstler haben die Jungfrau in zahlreichen Werken zu bewahren versucht, deren Bilder in Wien, in Ettersdorf bei Erlangen, in Saalfeld und an vielen anderen Orten auffindbar waren. So auch in Schwäbisch-Gmünd, wo allerdings nach einigen Quellen die Jungfrau Maria selbst, nach anderen die heilige Cäcilia, die Schuhspenderin gewesen sein soll.

In Lauingen und Umgebung wurde geglaubt, wer ein Bild der Jungfrau Kümmernis bei sich trage und sich ihr verlobe, dem werde aus jeder Not geholfen. So habe sie dem armen Spielmann geholfen und noch lange Zeit wurde dort ihr gekreuzigtes Bildnis in Kirchen gefunden.

An der Straße von Dillingen nach Steinheim stand ein kleines Kapellchen. Es war dem heiligen Leonhard geweiht und es beherbergte viele der Kümmernisbilder, die als Gelübde dankbar geopfert worden waren. Als ein Augsburger Bischof das erfuhr, soll es ihn sehr verdrossen haben – denn es steht nichts von einer Jungfrau Kümmernis im römischen Heiligenkalender. Es war seine Ansicht, dass das deutsche Volk nichts Eigenes haben solle, und er befahl, alle Bilder abzureißen und zu verbrennen.

Als die Bauern in der Gegend davon hörten, liefen sie schnell nach Sankt Leonhard und nahmen ihre geliebten Votivbilder wieder von der Wand, um sie vor dem Feuer zu verschonen und ihnen einen würdigeren Platz zu gönnen. Später wurde die Kapelle gar zum Pulvermagazin umfunktioniert – und die Bauern sagten:

»Seht ihr wohl: Sankt Leonhard kann sein Haus nicht schützen. Sankt Kümmernis hätte das nicht gefallen.«

Wernher – beinhart

Der Abt zu Kalbsangst

Auf dem Marienberg bei Kempten stand ein Schloss mit dem seltsamen Namen Kalbsangst. Es soll schon gestanden haben, als Kaiserin Hildegard laut der Legende das Kloster Kempten gründete. Geschichtlich festere Quellen berichten, dass es von seinem ersten Abt Audogar (auch: Audegarius, Audegar oder Andegar) im Jahre 752 gegründet wurde. Er habe es der heiligen Jungfrau Maria sowie den heilig gesprochenen Märtyrern Gordianus und Epimachus gewidmet. Audogar soll bereits im Jahre 796 verstorben sein.

Während der Regierung deutscher Gegenkönige, wie Philipp von Schwaben und Otto IV., und den Wirren der frühmittelalterlichen Zeit soll es mit Zucht und Ordnung im Kloster Kempten nicht sehr weit her gewesen zu sein. Der damalige Abt Wernher soll gar nicht im Kloster gewohnt, sondern auf Schloss Kalbsangst residiert haben, wo er ein vergnügliches Leben geführt habe. Außerdem munkelte man, dass er mit dem Teufel und seinen Mitstreitern mehr als mit Gott und dessen Heiligen verkehrt habe, obwohl er sich öfters vom Schloss herunter in das Stift bequemt haben soll, um dort die heilige Messe zu lesen.

Eines Morgens sollte der Abt wieder ins Kloster zur Messe reiten, doch weder tat sich seine Tür auf noch antwortete er auf das Rufen der Bediensteten. Als man endlich das Schloss mit Gewalt geöffnet hatte, bot ein grauenhaftes Bild:

Abt Wernher war tot. Doch er lag nicht in seinem Bett, sondern mitten in seinem Gemach – und während man seinen Rücken erblickte, sah man auch zugleich das, was

einmal sein Gesicht gewesen und nun zu einer unmenschlichen Fratze verzogen war, mit aufgerissenen Augen und weit aus dem Mund hängender Zunge.

Gleich in der ersten Nacht, man hatte den Leichnam auf einem Paradebett ausgestellt, schwebten mit einem Mal unzählige schwarze Vögel durch die Fenster herein. Sie flatterten und rauschten mit ihren Flügeln, hatten blitzende Augen, feurige Schnäbel und rotglühende Krallen. Es wurden mehr und immer mehr, sodass die Leichenwächter entsetzt flohen und mit lautem Geschrei die Schlossbewohner zusammentrommelten.

Als die Mutigsten das Zimmer erreicht hatten, sah man gerade noch, wie die Vögel des Abtes Leichnam erhoben und ihn durch die rabenschwarze Nacht hinwegtrugen. Noch lange sah man den Tross in der Ferne ziehen, wie einen Feuerstreifen, doch es ging nicht gen Himmel empor, sondern tiefer und immer tiefer, in Richtung des Sees zwischen Martinszell und Niedersandhofen.

Seitdem war es auf Schloss Kalbsangst nicht mehr geheuer, es wurde nach und nach von seinen Bewohnern verlassen und verfiel in immer kleinere Trümmer. Auch in und um den See soll es derart gräulich gespukt haben, sodass auch das Jagdschlösschen der Kemptener Äbte, auf einer Landzunge in den See hineingebaut, verlassen wurde und zur Ruine verkam.

Vade retro!

Attila vor Augsburg

Der Hunnenkönig Attila, im Nibelungenlied Etzel genannt, durchzog mit seinem Heer das Gebiet um die Lech herum und wütete schlimmer, als es alle wilden Jäger und Wotansheere vermocht hätten. Schließlich näherte er sich der alten Römerkaiserstadt Augusta Vindelicum – die wir heute als Augsburg kennen.

Dort wollte er mit einem Trupp den Lech durchreiten und als er an das flache Ufer kam, sein Ross schon den ersten Huf gehoben hatte, um in das Wasser zu treten, rauschte das Wasser plötzlich gewaltig. Aus dem Boden des Wassers erhob sich ein Riesenweib, grauenhaft und furchtbar anzusehen. Das Ross sprang entsetzt zurück, König

Attila wankte in seinem Sattel und die wassergraue Stromfrau sah ihn aus hohlen Augen mit einem starren Todesblick an. Dann streckte sie ihren gespenstischen Arm gegen den König und rief die gurgelnden Worte:

»Retro Attila! Retro Attila! Retro Attila!«

Dann sank sie nieder, in den Fluss und dessen geheime Welt zurück. Eben noch sah man ihren grauen Nixenschopf und im nächsten Augenblick schlossen sich über ihr rauschend die Gewässer, als sei der Lech ein tiefer Ozean. Den sonst furchtlosen König packten ungekannte Schauer, er starrte vor sich hin, um Fassung ringend, und sprach kein Wort. Schließlich wendete er sein Pferd und ritt nicht über den Lech.

Im Jahre 955 würden Attilas Nachfahren erneut besiegt werden, wenn auch von menschlicheren Gegnern, zumindest dem Namen nach. König Otto I. und Bischof Ulrich von Augsburg behielten in der Schlacht am Lechfeld die Oberhand.

Uodalricus – so sein lateinischer Name – war fünfzig Jahre Bischof von Augsburg und wurde nicht lange nach seinem Tod heiliggesprochen. Auch das Ulrichskreuz erinnert noch an ihn und seine Taten, die wie jede unserer Handlungen die Gegenwart formen, die Zukunft beeinflussen und die Vergangenheit als Zeuge sprechen lassen.

Schon vor mehr als 1000 Jahren eingeführt: Ein gerechter Lohn für alle

Der Dom zu Bamberg

Kaiser Heinrich I. (auch: Heinrich der Vogler) soll eine Schwester namens Baba gehabt haben. Entweder auf sie, oder auf die Gemahlin Graf Albrechts, oder auf Kunigunde, die Gemahlin Kaiser Heinrichs II., geht die folgende Sage zurück: Nicht nur war sie eine Frau hohen Standes, sondern sie besaß auch ein hohes Herz. So soll sie mit ihrem eigenen Hab und Gut den Dom zu Babenberg (alter Name für: Bamberg) gestiftet haben – und die Bezahlung der Arbeiter sei in ungewöhnlicher Art und Weise erfolgt: Solange der Dom gebaut wurde, stellte sie täglich eine große Schüssel voll Geld für die Tagelöhner hin und ließ jeden so viel herausnehmen, wie er verdient hätte – denn es konnte niemand mehr nehmen, als er tatsächlich verdient hatte.

Außerdem verstand sie es, den Teufel so zu manipulieren, dass er ihr große marmorne Säulen auf den Berg tragen musste, auf dem sie die Kirche errichten ließ – den herrlichen Bamberger Dom, den man noch heutigen Tages sehen kann.

Liebe bundesdeutsche Parteien, bitte finden Sie heraus, wie man diese Frau erreicht. Man würde gerne wissen, was der gerechte Lohn für geleistete Arbeit sei. Vielleicht hat sie eine Nachsendeadresse auf dem Grabstein oder ist vielleicht auf X. Danke.

Zehn Ziegel als Henker

Die blinde Jungfrau

In den Zeiten unserer Urgroßeltern und davor konnte man in Bamberg immer wieder die folgenden Ausrufe hören:

»Heut' hat sich die blinde Jungfrau sehen lassen!«

Oder auch:

»Heut' hat sich die blinde Gerechtigkeit wieder sehen lassen!«

Fragte man den Ausrufer dann zum Beispiel:

»Ist denn das Buch wieder herabgefallen?«

So lautete die Antwort stets:

»Es muss wohl so sein.«

Aber was hatte es damit auf sich?

Am alten Bamberger Dom steht in der Nähe des Prachttors oben eine Jungfrau aus Sandstein ausgehauen. In ihrer Rechten hält sie einen zerbrochenen Stab, in ihrer linken Hand zehn Ziegel. Ihre steinernen Augen sind mit einem Tuch verbunden, wie es seinerzeit die Weber machten.

Die Figur zeigt eine Jungfrau, die vor langer Zeit der öffentlichen Unzucht angeklagt und schuldig gesprochen wurde. Vergebens hatte sie ihre Unschuld beteuert, mehr als zehn Male soll sie auf die Knie gefallen sein und alle Anwesenden – kirchliche Würdenträger, Laien wie Bürger – angefleht haben, sie doch nicht schmachvoll durch die Hand eines Henkers sterben zu lassen. Doch ihr Bitten war vergebens.

Man riss sie auf und schleppte sie halbtot weiter. Als sie an den Dom gekommen waren, raffte sich die schwer verwundete Frau noch ein letztes Mal auf und rief, den Blick gen Himmel gerichtet:

»Der Mensch hat kein Erbarmen mit meiner Unschuld. Ihr Ziegel auf dem Dach habt es noch eher, also erbarmt ihr euch meiner!«

Kaum hatte sie das gesprochen, fielen zehn Ziegel vom Dach und schlugen sie tot.

Volk und Richter nahmen es als ein Zeichen des Himmels und das Bildnis der Jungfrau steht an dem Ort, wo das Wunder geschehen sein soll. Der Bildhauer, der die Augenbinde vergaß, die das blinde Urteil darstellen sollte, verband die Augen mit einem gewöhnlichen Tuch.

Wann immer das Tuch durch die wechselnden Wettereinflüsse zu faulen begann, ging die Jungfrau wandeln. Um Mitternacht schwebte sie auf dem Domberg auf und nieder. Die Wachtposten hatten nicht den Mut, sie zur Ordnung zu rufen. Dann schwebte sie weiter und pochte an die Wohnungstüren aller Domherren, jede Nacht es wiederholend – bis ihre Augen von einem frischen Tuch bedeckt wurden.

Zahnarztpraxis Dr. Altefrau

Der Engländer und sein Diener

Im späten Mittelalter lebte in Bayern ein reicher Engländer, der oft an heftigen Zahnschmerzen zu leiden hatte. Eines Tages gab eine alte Frau ihm den Rat, er solle sich einen Span von Martin Luthers Bett besorgen, das heute noch in der Festung Coburg stehe. Sobald er damit in seinen Zähnen stochere, würde er von allen Schmerzen befreit.

Kaum hatte der Engländer diesen Rat vernommen, gab er seinem treusten Diener Paddy den Befehl, sofort nach Coburg zu reisen und einen Span von Luthers Bett zur Beseitigung seiner Schmerzen zu holen.

Nach mühseliger Reise gelangte Paddy an einem heißen Sommertage endlich nach Coburg. Er verspürte großen Durst und kehrte er in den Ratskeller ein. Dort soll er dem schäumenden Zollhofsbier so wacker zugesprochen haben, dass sich sein Körper vor lauter Wonne und Wohlbehagen über diesen Zaubertrank in nichts auflöste.

Als nun zu mitternächtlicher Stunde der Geist Paddys ohne Span vor seinem Herrn erschien, fuhr dieser aus der Haut – ob vor Zorn oder vor Schreck ist nicht bekannt. Zur Strafe für diese Freveltaten wurden beide vom Schicksal in die Coburger Veste verbannt, wo sie sich bis heute gelegentlich zur Mitternacht als Gespenster sehen lassen.

Für die Katz

Die Innbrücke in Rosenheim

In Pirach bei Vogtareuth lebte vor langer Zeit ein Knecht, der weder an einen Himmel noch an eine Hölle glaubte. An einem Sonntagmorgen ging er nach Rosenheim und empfing dort in der Klosterkirche die heilige Kommunion, obwohl er zuvor nicht gebeichtet hatte. Danach ging er in ein Wirtshaus und zechte den ganzen übrigen Tag.

Erst als es bereits zu dämmern begann, machte er sich auf den Heimweg. Als er über die Innbrücke gehen wollte, saß auf jedem Geländer eine schwarze Katze und starrte ihn mit funkelnden Augen an. Er wollte sie mit einem kräftigen Fluch hinunterschlagen, doch sie sprangen auf ihn zu, fauchten ihn an und wichen ihm nicht mehr von den Fersen. Erst, als er einen geweihten Rosenkranz herauszog und das Kreuzzeichen machte, verschwanden sie.

Das Heiligenbild mit dem eigenen Willen

Die Kirche des heiligen Leonhard in Kaufering

Die katholische Wallfahrtskirche Sankt Leonhard in Kaufering wurde im frühen 18. Jahrhundert errichtet und ihr Bau soll auf folgende Weise entstanden sein:

Eines Tages – es soll in der zweiten Hälfte des 17. Jahrhunderts geschehen sein – schwamm auf den Wogen des reißenden Lechstroms ein hölzernes Bild des heiligen Leonhard herab. Der Fluss spülte dieses Bild einige hundert Meter oberhalb des Dorfs ans Land. Ein Mann fand es, bereitete in einer alten Eiche, die neben einer klaren Quelle stand, eine Höhlung und stellte das Bild hinein.

Als der Mann nach einiger Zeit sein Bild wieder besuchen wollte, war es verschwunden. Man suchte es und es wurde auf einer Wiese wiedergefunden, die etwas oberhalb der Quelle lag. Man brachte nun das Bild des heiligen Leonhard abermals in die hohle Eiche. Am nächsten Tag aber lag es wieder an demselben Platz auf der Wiese. Dieses wiederholte sich ein paar Male und nach einer Weile herrschte im Volk der Glaube, dass der heilige Leonhard an dieser Stelle sein Bild verehrt wissen wollte.

Deshalb baute die Gemeinde Kaufering eine Kirche und postierte das Bild des heiligen Leonhard oberhalb des Eingangs der Kirche. Auf dem Choraltar befand sich ein noch aufwändiger und schöner gearbeitetes Bild. Dieses Kirchlein erwarb sich in der Folgezeit großen Reichtum, denn das Vertrauen der Gläubigen in den Heiligen wuchs und der Besuch der Andächtigen vermehrte sich, die in frommem Glauben bei Viehseuchen stets Hilfe suchten und gefunden haben sollen.

Man erzählte sich außerdem, dass manchmal zur Nachtzeit die gesamte Kirche erleuchtet gesehen worden war, ohne dass man sich erklären konnte, was Ursache dieser Beleuchtung gewesen sein möge. Der altgediente und bereits vor vielen Jahren verstorbene Förster Rauch soll in der Kirche einmal zur Nachtzeit Musik gehört haben.

Gehen Sie ins Kloster! Begeben Sie sich direkt dorthin! Gehen Sie nicht über Los! Ziehen Sie nicht 4000 Taler ein!

»Die langen Schranken» in Schweinfurt

In der Schweinfurter Altstadt gab es einen schönen, ebenen Platz, welcher später mit Obstbäumen bewachsen gewesen sein soll. Man erzählte sich, dass hier vor langer Zeit der Turnierplatz gewesen war und deshalb habe sich der Name »die langen Schranken» bis auf den heutigen Tag gehalten.

Eines Tages, es war wohl im tiefen Mittelalter, war in der Stadt ein großes Turnier angesagt, zu dem viele fremde Ritter aus allen Himmelsrichtungen herbeikamen. Einer dieser Ritter erblickte unter den anwesenden Damen eine, die wohl auch fremd sein mochte, doch deren Schönheit ihn so bezauberte, dass er sich zu ihrem Kämpfer weih-

te und jedem den Fehdehandschuh hinwarf, der ihr nicht den Preis der Schönheit zugestehen wollte.

Der fremde Ritter wurde auch tatsächlich Sieger, warf die Gegner in den Sand und streckte jeden Kämpfer zu Boden. Nun nahte er sich seiner Holden, die ein meergrünes Kleid trug und nach damaliger Sitte ihren Dank aussprechen würde. Sie winkte ihm artig zu und lächelte ihn lieblich an – aber dem Ritter wurde speiübel, als er sehen musste, dass sie grüne Zähne hatte!

Er schreckte sofort zurück, als habe er einen saftigen Stromschlag erlitten. Die Dame stieß einen spitzen Schrei aus, denn sie wusste sich erkannt. Dann verwandelte sie sich in ein Seeweiblein, stürzte von der Tribüne auf den Boden und flutschte auf ihrem Schlangenleib schnell dem Main zu und glitt hinein. Dann schwamm sie auf dessen Oberfläche eine Weile herum, bevor sie endlich untertauchte und sich für immer den Blicken der staunenden Herren und Damen entzog. Der Ritter stieg von seinem Ross, legte Waffen wie Rüstung ab und trat als Mönch in einen der strengsten Orden ein.

Begnadete Künstler

Die Meistersinger von Nürnberg

Schon seit vielen Jahren sollen die Nürnberger Meistersinger den sagenhaften Ursprung ihrer besonderen Verbindung folgendermaßen selbst erzählen:

Im Jahre 962, zur Amtszeit von Kaiser Otto I. und Papst Leo VIII., soll Gottes Gnade zwölf Männer erweckt haben, welche jeder für sich, ohne voneinander zu wissen, in deutscher Sprache zu dichten und zu singen begannen und auf diese Weise den Meistersang in Deutschland gestiftet haben sollen.

Zu diesen erwählten Zwölf sollen eine Reihe der größten Künstler des Landes gehören, allen voran Heinrich Frauenlob, Walther von der Vogelweide und auch Wolfram von Eschenbach, den man damals angeblich Wolfgang Rohn nannte. Hinzu kommen Regenbogen der Schmied, Konrad von Würzburg und einige weniger bekannte.

Das Gefolge des Papstes allerdings bezichtigte beim Kaiser diese Meister der Ketzerei. Der Kaiser soll anfangs in der Tat angenommen haben, es handele sich um eine

neue, unreine Sekte, und benannte deshalb einen Tag, an welchem sich die vermeintlichen Meister auf der hohen Schule zu Pavia stellen sollten.

Der Tag war gekommen und vor dem Kaiser, seinem ganzen Rat, zahlreichen Doktoren und Magistern, sowie päpstlichen Legaten wurden die zwölf Sänger nach Zahl, Maß und Wort genau gehört und geprüft. Sie hinterließen einen großartigen Eindruck, alle Anwesenden hörten mit großem Wohlgefallen zu – und sowohl der Kaiser als auch seine Begleiter überzeugten sich, dass die Zwölf keine Rottengeister seien.

Als dann auch Papst Leo VIII. vernommen hatte, dass die Lieder dieser Meister Gott nicht zuwider seien, erlaubte er in seiner großen Gnade jedermann den Meistergesang. Er beauftragte die Deutschen sogar – weil ihnen Gott die Kunst bekannt gemacht – dieselbe zu verbreiten. So erhielt Gott den Meistergesang über viele hundert Jahre.

Fass!

Die rechte Hand

Vor vielen Jahrhunderten lebte ein junger Graf von Dachau, der liebte ein Ritterfräulein von Wolfratshausen. Der Graf hatte aber einen großen Feind: den Grafen von Starnberg. Dieser ließ den Dachauer durch seine Knechte beschatten.

Als der Graf von Dachau einmal auf dem Weg nach Wolfratshausen ritt, erschlugen die Knechte ihn nahe bei Berg am See, raubten ihn aus und hieben ihm dabei die rechte Hand ab, denn an einem Finger trug er den von seiner Braut geschenkten Ring. Dieses wertvolle Stück wollten sie sich unbedingt aneignen – aber da schnappte der treue Hund des Ermordeten zu, fasste sorgsam die Hand und trug sie fort, immer weiter fort, bis nach Dachau und legte sie zu Füßen der Mutter des Grafen nieder.

Mutter und Braut schrien Ach und Weh ob des Verlusts ihres geliebten Sohns und Bräutigams. Schnell verbreitete sich die Kunde vom heimtückischen Mord. Danach ließen die beiden Frauen an der Stätte, an welcher die Tat verübt worden war, eine Kapelle bauen. Diese wurde später aber, weil sie zu weit abseits vom Wege stand, abgetragen und nahe dem heutigen Stadtteil Fürstenfeldbrucks Rothschwaige wieder aufgebaut. An der Empore der Kapelle konnte man die Geschichte bildlich dargestellt sehen.

Die Gründungsgeschichte der Kapelle kennt noch mindestens eine andere Version: Die Dachauer Gräfin Beatrix von Reipersberg hatte vier Söhne. Sie hießen Konrad, Otto, Friedrich und Arnold. Um das Jahr 1120 soll einer der Söhne auf der Jagd von Räubern erschlagen worden sein.

Manche Quellen hatten offenbar Otto genannt, doch weil dieser aber noch bis zum Jahre 1135 als Graf von Dachau-Valley nachgewiesen ist, muss das Opfer jemand anders gewesen sein. Auch Konrad wurde öfters genannt, doch er stiftete kurz nach 1120 in Geisenfeld ein Gut zum Seelenheil seines Bruders Arnold. Dies alles legt die Annahme nahe, dass es sich um Arnold handelte, der eines Tages unter Räuber geraten war.

Arnold war bei der Jagd und wurde nur von seinem Hund begleitet. Als beim Überfall die abgeschlagene Hand des Grafen zu Boden fiel, packte der Hund die Hand und brachte sie ins Schloss Dachau zur Gräfin. Die erkannte den Ring, der noch am Finger steckte, und ließ sich vom treuen Hund zum Leichnam ihres Sohns führen.

Die Gräfin stiftete daraufhin an der Stelle des Mordes eine Kapelle zu Ehren der Muttergottes, des heiligen Jakobus und des heiligen Johannes des Täufers. Sie stattete das Gotteshaus mit einem Waldstück als Benefizium aus und vermachte alles »zum Seelenheil ihres Sohnes und des ganzen Geschlechts« dem im Jahr 1120 gegründeten Kloster Indersdorf.

Er bringt die Kinder, sie den Ehebruch

Die treulose Störchin

Der Kanzler Cranz, welcher unter vielen Herzögen gedient hatte, berichtete von einem seltsamen Wunder mit Störchen, das sich zur Zeit Herzog Haunbrechts ereignet haben soll. Der Ehebruch soll in dieser Zeit allgemeiner Brauch gewesen sein und Gott habe dessen harte Strafe an unvernünftigen Tieren zeigen wollen.

Oberhalb von Bad Abbach in Unterbayern, nicht weit von der Donau, soll das Dorf Teygen (heute: Teugn) gestanden haben. In dem Dorf nistete ein Paar Störche und hatte Eier zusammen. Während die Störchin brütete und der Storch sich um Nahrung kümmerte, kam eines Tages ein fremder Storch, buhlte um die Störchin und gewann

sie schließlich. Nach dem vollzogenen »Ehebruch« flog die Störchin über das Feld zu einem Brunnen, wusch sich und kehrte wieder ins Nest zurück, dass ihr Mann bei seiner Rückkehr nichts von der Untreue bemerkte.

Dieses Spiel trieb die Störchin mit dem Ehebrecher offenbar viele Wochen, einen Tag wie den anderen, bis sie die Jungen ausgebrütet hatte. Ein Bauer auf dem Feld hatte Notiz davon genommen und wunderte sich, weshalb die Störchin alle Tage zum Brunnen flöge und badete. Er bedeckte den Brunnen mit Reisig und Steinen, um herauszufinden, was geschehen würde. Aus der Ferne sah er zu, wie die Störchin wiederkam. Als sie aber nicht zum Brunnen konnte, flatterte und tat sie kläglich und musste unverrichteten Bades endlich in ihr Nest zurückfliegen.

Als nun der Mann von der Futtersuche nach Hause kam, bemerkte er die Treulosigkeit und fiel die Störchin an, die sich heftig wehrte. Schließlich flog der Storch davon und kam nicht wieder. Die Störchin musste ihre Nachkommen alle allein versorgen.

Später im Jahr, um den Sankt Laurenztag herum, wenn die Störche fortzuziehen pflegen, kam der alte Storch zurück. Er hatte eine ganze Armee anderer Störche mitgebracht und diese fielen nun mit ihm zusammen über die Störchin her, erstachen und zerfetzten sie, bis nichts mehr von ihr übrig war.

Wer nun unter Ihnen der Meinung ist, liebe lesenden Menschen, die Störchin sei ungerecht behandelt worden und der Storch und seine Konsorten gehörten ins Gefängnis, lese bitte im bekanntesten Buch der Weltgeschichte nach, welche Medizin der allmächtige Erschaffer bei Ehebruch verschreibt. In Lev 20:10 steht geschrieben:

»Wenn ein Mann mit einer Frau Ehebruch treibt, wenn er Ehebruch treibt mit der Frau seines Nächsten, so sollen [beide], der Ehebrecher und die Ehebrecherin, unbedingt getötet werden.«

Vielleicht hätte Kanzler Cranz die Priester und Pfarrer in der Gegend auf das Wort Gottes aufmerksam machen und zur sonntäglichen Lesung anregen sollen. In dieser Sage jedenfalls scheint der »ehebrechende« Storch jedenfalls gut weggekommen zu sein.

Der hohe Schiedsrichter vergaß das höchste Schiedsgericht

Doktor Bach

Zwischen den Hindelangern und den Wertachern war vor langer Zeit einmal ein Streit entstanden. Es ging um eine Bergweide, welche zwischen den Triften beider Gemeinden lag. Nach vielem Hin- und Herzanken wurde die Angelegenheit dem Doktor Bach übertragen. Er war der Dechant in Wertach und sollte den Streit mit seinem Wort schlichten.

Es wurden alle Bürger beider Gemeinden zu der streitigen Alpe gebeten, um Doktors Bachs Schiedsspruch zu vernehmen. Dieser sprach dann vor den versammelten Gemeinden:

»So wahr ein Schöpfer über mir ist, so wahr stehe ich auf meinem Grund und Boden.«

Weil es damals als unzweifelhaft galt, dass der Herr im Himmel der allmächtige Schöpfer der Welt war, mussten die Hindelanger von ihrem Begehren absehen und die Bergweide wurde den Wertachern als Eigentum zugesprochen.

Doktor Bach aber war ein heimlicher Schalk gewesen und hatte einen großen Löffel – den man damals auch Schöpfer nannte – unter seinem Hut verborgen, als er jenen Schiedsspruch verkündete. Außerdem hatte er zu Hause aus seinem Garten Erde in seine Schuhe getan, sodass er wohl sagen konnte, es sei ein Schöpfer über ihm und er stehe auf seinem Grund und Boden.

Den Buchstaben des Gesetzes hatte Doktor Bach wohl erfüllt – den Geist jedoch zum Narren gehalten. Auch der Herrgott selbst soll zu einem ähnlichen Schluss gekommen sein und strafte Bach nach seinem Tod wegen dieses hinterlistigen und gottlosen Benehmens.

So soll er noch heute auf seinem Schimmel, den er zu Lebzeiten geritten, auf jener Alpe umherreiten müssen und würde dabei oft gesehen von Leuten, die spät des Weges daher kommen. Es heißt, wer immer ihm nahe kommt und seinem Wort vertraut, den betrügt er noch jetzt nach dem Tod mit seiner Arglist und führt ihn in die Irre.

Die Flammen einfach wegbeten

Große Feuersnot in Donauwörth

Am Margarethentag 1477 brach in Donauwörth ein großes Feuer aus. Vergeblich waren auch die angestrengtesten Löschversuche, denn schon loderten vier Häuser und die ganze Stadt war in großer Lebensgefahr. In der Not wandte man sich an den Abt.

Dieser kam mit dem heiligen Kreuz, begleitet von dem Klostergeistlichen, und umging betend und segnend die Flammen. Mit einem Mal mäßigte sich deren Wut, auch der Wind trieb es nicht mehr weiter an und das Feuer fiel bald in sich selbst zusammen.

Schon im Jahre 1317 will man bei dem Brand des aus den Trümmern von Mangoldstein erbauten Rathauses ein ähnliches Wunder gesehen haben.

Heidelbeerige Muttergottes, bitte für uns Sünder, jetzt und in der Stunde unseres Todes, Amen.

Perlen der Muttergottes

Vor vielen Jahren herrschte in der Maingegend eine große Hungersnot. Eine Witwe aus Lohr wusste nicht mehr, womit sie ihre Kinder ernähren sollte. In ihrer höchsten Not und Verzweiflung wallfahrtete sie eines Tages zum Gnadenbild am Bauernhof und flehte dort so lange und innig um Hilfe, dass die hölzerne Figur der Muttergottes lebendig wurde und die von der Zeit dunkel gewordenen Perlen ihres Rosenkranzes weit über das ganze Land streute.

Wo immer eine Perle zu Boden fiel, entsprang der Erde ein kleiner Strauch, über und über mit ebensolchen dunkel glänzenden Perlen bedeckt. Die Kinder entdeckten schnell, dass die kleinen Früchte wunderbar schmeckten. Auf die Geschichte von der Entstehung der Heidelbeeren soll es auch zurückzuführen sein, dass noch heute viele Beeren sammelnde Frauen im Spessart in dankbarer Erinnerung mit »Gegrüßet seist Du Maria« auf den Lippen das Pflücken beginnen.

Eher geht ein Käsleib durch ein Nadelöhr

Der versteinerte Käslaib

Vor vielen Jahrhunderten pilgerte eine Bäuerin aus der Maingegend zum heiligen Hermann und bat flehentlich um seine Hilfe. Sie versprach, ihm einen ganzen Laib Käse zu opfern, falls ihr Anliegen Erhörung finde. Der Heilige nahm sich ihrer an und bald erschien die Bauersfrau wieder, um ihr Gelöbnis einzulösen. Sie legte den versprochenen Laib auf den Altar, kniete sich nieder zum inbrünstigen Dankgebet.

Während sie aber so betete, kam langsam der Neid über sie. Immer und immer wieder schielte sie nach ihrer Gabe. Sie schalt sich eine Eselin und dachte, ein kleinerer Laib hätte es auch getan. Gedacht, gemacht – schon schnitt sie ein ansehnliches Stück Käse weg und steckte es in ihre Schürze. Aber der Heilige Hermann verwandelte den Käse sofort in harten Stein und zeigte ihr dadurch die Sünde ihres Tuns.

Hart wie Stein, weich wie Brot

Otto Seemoser, der Torwart zu Freising

In der Nähe des Eingangs zum Freisinger Dom befindet sich rechter Hand der Grabstein eines damaligen bischöflichen Torwarts, Otto Seemoser, auf dem er lebensgroß mit einem Laib Brot abgebildet ist. Dieser alte Diener war ein Wohltäter der Armen – nur spendete er oft reichlicher, als sein Herr, Bischof Gerold, es wünschte.

Einmal begegnete Gerold ihm, als er eben drei Brote, die er unter seinem Mantel verbarg, den Armen bringen wollte. Der Bischof fragte, was er da bei sich trage.

»Steine«, entgegnete der betroffene Torwart, nicht um die Antwort verlegen. Und siehe da – die Brote hatten sich tatsächlich in Steine verwandelt, als er sie vorzeigen musste. Danach aber, als die Gefahr vorüber war, wurden sie wieder zu Broten.

Des Doktor Bachs Leid, der Gräfin ihr' Freud'

Stiftung des Klosters Wettenhausen

Zwischen Ulm und Augsburg liegt das Augustinerkloster Wettenhausen. Es wurde im Jahre 982 von den beiden Brüdern Conrad und Wernher, ihres Zeichens Grafen von Rochenstain, oder vielmehr von deren Mutter Gertrud gestiftet. Diese verlangte und erhielt von ihren Söhnen so viel Lande zur Erbauung einer heiligen Stätte, wie sie innerhalb eines Tages umpflügen könne. Sie ließ sich einen ganz kleinen Pflug herstellen, verbarg ihn in ihrem Kleid und umritt so schnell sie konnte das Gebiet, welches danach dem Kloster unterworfen war.

Petrutz

Jordanus Utz

Aus Straubing wurde berichtet, dass in der Steinergasse im 14. Jahrhundert der vornehme Jordanus Utz, genannt Uhlein, wohnte. Bei dem großen Stadtbrand 1393 war ein Haus nach dem anderen in Feuer aufgegangen und in seiner Not stellte Uhlein eine hölzerne Statue des heiligen Petrus an das Fenster und sprach:

»Peterl, schau' auf, dass mein Haus nicht verbrennt, sonst verbrennst du mit ihm.«

Und tatsächlich – so berichtet Andreas Presbyter, ein Regensburger Geschichtsschreiber und Zeitgenosse des Uhlein – blieb dieses Haus erhalten und wegen dieses Wunders entwickelte sich in der Folge eine regelmäßige Wallfahrt zu dieser Statue.

Gestatten: Jesus Christ, Schutzpolizist

Die Neumünsterkirche in Würzburg

In der Neumünsterkirche in Würzburg befand sich zu Zeiten des Dreißigjährigen Krieges ein Kreuzbild. Ein schwedischer Soldat, der nach dem wertvollen Metall gierte, schlich sich nachts in die Gruft, um das Heiligtum zu stehlen. Als er aber vor

dem Bild stand, schloss der Gekreuzigte die eisernen Arme um ihn und hielt den Soldaten fest, sodass er sich nicht mehr rühren konnte. Erst als am kommenden Morgen der Priester die jämmerlichen Hilferufe vernahm, erbarmte sich der Mann Gottes und befreite durch sein Gebet den Frevler aus der göttlichen Haft.

Einmal nach Hause, aber dalli, Sack Zement!

Der Flucher

In der Nähe von Alkofen war vor vielen Jahren einmal ein Knecht dabei, den Acker seines Herrn zu pflügen. Aber der Boden ging nur sehr schwer auf und die Arbeit dauerte sehr lange. Es wurde Abend und immerhin: Die Arbeit war erledigt – aber die Pferde waren sehr müde und wollten beim Nachhausefahren nichts von einem Trab wissen. Darüber geriet der Knecht in große Wut und er begann, wild zu fluchen.

Er fluchte sogar an dem Wegkreuz, an dem er vorbeifuhr. Auch dachte er nicht im Mindesten daran, seinen Hut ein klein wenig zu lüften, geschweige denn ein Kreuz zu schlagen, wie es doch damals allgemein Brauch war. Mit einem Mal kam ein unterirdisches Grollen über die Gegend, die Erde tat sich auf und verschlang den fluchenden Knecht samt Pferden und Wagen. An der Stelle, an welcher das geschehen sein soll, befindet sich noch heute ein großes Loch. Man habe schon öfter versucht, das Loch zuzuschütten – aber ohne Erfolg.

Weit vor der Scheune abgeladen

Der versunkene Bauer

Im Dorf Tragenreut der Gemeinde Prag bei Fürsteneck war es seit alters her Brauch, dass niemand am Sankt-Ulrichs-Tag die Pferde einspannte oder jedwede schwere Arbeit verrichtete. Einer der Bauern aber brach einmal die alte fromme Sitte und fuhr an diesem Tag das Heu in den Schuppen. Seine Nachbarn hatten ihn eindringlich

gewarnt und gebeten, er möge das Heu doch erst morgen holen. Der Bauer aber hatte sie ausgelacht und nur erwidert:

»Ulrich hin, Ulrich her, ich muss mein Heu unter Dach bringen.«

Mit diesen Worten fuhr er auf die Wiese. Als er das Heu aufgeladen hatte, ließ er die Peitsche über die Rücken der Ochsen sausen und rief:

»Hü!«

Aber es ging nicht vorwärts. Die Peitsche knallte und der Bauer brüllte:

»Hü!!!«

Plötzlich tat sich die Erde auf und verschlang den Bauer mitsamt seinem Gefährt und den bedauernswerten Ochsen. Alles versank im Wiesengrund – nur der Wiesbaum war noch zu sehen.

›Wenn du kein Geld mehr hast, musst du weggehen!‹

Vom hartherzigen Brotträger

In niederbayrischen Niederalteich befand sich in der Kirche im Aufgang zur Empore ein Grabstein. Dort war ein Mann abgebildet, der auf dem Rücken eine Kirbe trug und oben schaute ein Hündchen hinaus. Das soll folgenden Grund haben:

Ein Brothändler wollte vor langer Zeit einen Korb Brot ins Kloster bringen und es dort verkaufen. Unterwegs begegnete ihm eine arme Frau. Sie bat ihn höflich, ihr für ihre sieben hungernden Kinder ein paar Wecklein zu schenken. Der Mann aber wandte sich mürrisch ab und sagte:

»Ohne Geld gibt's kein Brot! Ich trag's ins Kloster, denn dort wird es gut bezahlt.«

Da verfluchte die Frau ihn mit den Worten:

»So sollst du junge Hunde statt Brot im Korbe tragen!«

Der Fluch erfüllte sich. Als der Mann zum Kloster kam, hatte er tatsächlich anstelle des Brots junge Hunde in seiner Kirbe.

5.

Sagen und Legenden vom Teufel und von Jungfrauen, Geistern, Gespenstern und anderen Gesellen

Ein Navigationsgerät, Modell »Geist«

Am guten Mann

Am linken Mainufer, wo vor langer Zeit noch ein Bach aus dem schönen Wald zog und sich in den Fluss ergoss, befand sich sumpfiges Land. Der Weg von Leider nach Stockstadt führte dort hindurch und wurde eben wegen des sumpfigen Landes gefährlich – vor allem aber, weil der Graben nur an einer schmalen Stelle überschritten werden konnte. Einem verspäteten Wanderer konnte also leicht ein Unfall geschehen, wenn er vom rechten Weg abkam.

In jener Gegend lebte jedoch ein guter Geist, der die Verirrten zurechtwies. Er hatte nichts Auffallendes in seiner Erscheinung, sondern sah mit seinem Schlapphut, der blauen Jacke und seinen kurzen ledernen Beinkleidern einem Landmann völlig ähnlich. Weil er sich außerdem den Wanderern nur wie zufällig näherte, als wenn er selbst auch gerade des Weges ginge, so mochte er wohl schon manchen geführt haben, ohne dass dieser den wohltätigen Geist in ihm erkannte. Von diesem guten Mann hieß die Stelle »Am guten Mann«.

Die Last der Welt

Bamberger Waage

Auf Kaiser Heinrichs Grab in Bamberg ist die Gerechtigkeit mit einer Waagschale in der Hand eingehauen. Die Zunge der Waage steht aber nicht in der Mitte, sondern neigt sich etwas auf eine Seite. Man erzählte sich, dass die Welt untergehen und das Jüngste Gericht eröffnet werde, sobald das Zünglein ins Gleiche komme.

Teurer Wein

Das Geistermahl

Eines Tages, es ist schon viele Jahre her, war eine Gesellschaft zum Pfarrer von Berneck eingeladen. Dort saß man lange und lustig zusammen, bis tief in die Nacht hinein. Bald gingen die Flaschen zur Neige, die Kerzen waren herabgebrannt und auch der Nachtwächter verkündete bereits die elfte Stunde – doch die edlen Gäste des Pfarrherren wollten noch längst nicht wieder nach Hause gehen.

Der Mann Gottes winkte seine Magd herbei. Hier sei aller Wein ausgetrunken und deshalb solle sie ihr Glück oben auf dem alten Schloss versuchen, denn dort zechten allnächtlich die Geister. Diese würden ihr wohl einige Flaschen aus ihrem Keller zukommen lassen.

Die Magd sah ihren Herrn betroffen an und wollte nicht recht glauben, was ihr der heilige Mann eben aufgetragen hatte. Der aber wiederholte seinen Befehl mit vollem Ernst: Sie solle nach Wallenrode hinauf. Also nahm die treue Dienerin all ihren Mut zusammen und machte sich auf den Weg.

Als sie sich dem Schloss näherte, riss ein Wirbelwind das Tor vor ihr auf. Mit unsicherem Schritt ging sie hinein und gelangte in einen großen Saal. Tatsächlich, der Pfarrer hatte gewusst, wovon er gesprochen hatte: Dort saßen die verstorbenen Ritter der Burg im Kreis bei einem Gastmahl zusammen. Sie hatten aschgraue Gesichter, aschgraue Kleider und benutzen Totenschädel als Trinkgefäße.

Nachdem die Magd eingetreten war, erhob sich einer der finsteren Männer von seinem Sitz und fragte die am ganzen Leib zitternde Frau, was ihr Begehren sei. Sie antwortete mit bebenden Lippen und berichtete, was der Pfarrer ihr aufgetragen hatte. Darauf nahm der Ritter einen Krug, füllte ihn bis zum Rand und reichte ihn der Magd mit folgenden Worten:

»Deine Einfalt sei verziehen, denn die Schuld haftet auf deinem Herrn. Aber laß dich niemals wieder hier sehen, falls dir Leib und Leben teuer sind.«

Leichenblass und einer Ohnmacht nahe ergriff die Magd den Krug und eilte damit, so schnell sie konnte, durch das offene Schlosstor hinaus in die finstere Nacht.

Glücklich und heil im Pfarrhaus angelangt, stellte sie den Krug auf den Tisch und erklärte mit kurzen Worten, dass sie dem Gebot ihres Herrn folgend auf das alte Schloss gegangen sei – aber zum letzten Mal.

Die Gäste aber verstanden nicht, was sie meinte, spotteten über solche Kunde und widmeten sich gierig dem vortrefflichen Geisterwein. Plötzlich entstand ein wildes Brausen, ein Sturm heulte fürchterlich und ein Blitz nach dem anderen durchzuckte den Saal. Die eben noch gegen eine niedere Dienerin mutigen Gäste suchten nun zitternd und bebend das Weite. Einer nach dem anderen verschwand und als der nächste Morgen anbrach, fand man den Herrn des Hauses tot.

GPNV: Geisterpersonennahverkehr

Der Aufhocker

Eine alte Frau aus Reinhartshofen erzählte, sie sei früher mit ihrem Mann oft den Fußweg von Klimmach nach Reinhartshofen an der Justinaklause vorbeigegangen. Jedes Mal, wenn sie nachts zwischen zehn und zwölf Uhr auf Sankt Justina zuging, sei ihr ein Geist erschienen. Sie habe ihn nie sehen können, doch er sei ihr immer auf die Fersen gesprungen, als wolle er sich ihr auf den Rücken setzen und reiten. Jedes Mal habe sie große Angst ausgestanden. Ihr Mann jedoch habe nie etwas davon gemerkt. Ihm habe der Geist nie etwas getan. Wenn sie jedoch nach zwölf Uhr an dieser Stelle vorbeigingen, habe sie nie etwas gespürt.

Der Grünbacher Glitch

Der Baumläuferbub

Vor vielen Jahrhunderten soll sich um Hohenau herum ein seltsames Wesen herumgetrieben haben. Jeder habe es gekannt und gefürchtet, denn es sei ein teuflisches Kind – ein sogenannter Wechselbalg – gewesen, das eine Hexe einer jungen Mutter gleich nach der Geburt unbemerkt gegen ihr wirkliches Kind eingetauscht habe.

Wenn man das Wesen zum Tabakholen nach Hohenau geschickt hatte und dachte, es könnte jetzt beim Weiher, gerade außerhalb des Dorfes sein, da war es mit dem Tabak schon wieder da.

Es ist kaum abzuschätzen, wie viel Schaden der Balg den Leuten gemacht hatte. Immer wieder wollte man ihn fangen und ihm den Garaus machen, aber kein Mensch hat ihn erwischen können: Wenn er nämlich mit dem Fuß ein grünes Pflänzlein oder Moos nur kurz hat berühren können, so verschwand er auf der Stelle.

Wurde es ihm im Sommer bei der Arbeit zu heiß, dann sagte er:

»Ich mein', es regnet bald ein wenig.«

Dann grub er schnell im Boden ein Löchlein, legte ein paar Halme darüber, murmelte seine Formeln und binnen einer halben Stunde schüttete es wie aus Eimern. Außerdem habe er mit einem einzigen Sonnenstrahl ein ganzes Haus anzünden können.

Einmal wollte er den Hohenauern und den Grünbachern das ganze Getreide verhageln. Aber die Hohenauer hatten mit ihrer hochgeweihten Glocke so laut geläutet, dass diese fast zersprungen wäre, und das Läuten hatte das Unwetter auseinandergetrieben.

Als der Balg das sah, hatte es einen schweren Fluch getan und gesagt:

»Der Hohenauer Stier hat mich heruntergeworfen.«

Eines Tages aber war es nicht mehr zum Aushalten. Mit vereinten Kräften erwischte man den Balg, warf ihn auf einen Scheiterhaufen und verbrannte ihn mit Feuer.

Bestattungsinstitut Rabe

Der betrügerische Anwalt von München

Vor vielen hundert Jahren starb in München ein Advokat, den niemand leiden mochte. Er war sein Leben lang ein Rechtsverdreher und Beutelschneider gewesen. Es hatte sein Gewissen nie auch nur im Mindesten belastet, selbst Witwen und Waisen um ihr gutes Recht gebracht zu haben, wenn er dafür bezahlt wurde.

Nach seinem Tod allerdings trug sich etwas ganz Besonderes zu. Nachdem der Leichnam aufgebahrt worden war, hatte man wie üblich zwei Kerzen angezündet und ein Kruzifix dazwischen gestellt. Nun konnten die Leute, wie es Brauch war, hinein- und hinausgehen, um den Toten anzuschauen. Geweint hatte niemand. Vor dem Haus waren viele Menschen versammelt, murmelten dies und jenes, fragten sich, ob Gott seiner armen Seele gnädig sein wolle.

Mit einem Mal rauschte etwas durch die Luft. Zwei riesige Raben flogen ans Fenster und hackten so lange mit ihren Schnäbeln dagegen, bis die Scheibe klirrend in Trümmer sprang und – zum Erstaunen des Volkes – schließlich ein schwarzer Vogel aus dem Zimmer herausflog. Während die Menge noch vor lauter Furcht auseinanderstob, flogen die drei Raben davon. Im Totenzimmer waren plötzlich die Lichter erloschen und das Kruzifix umgestürzt. Gleich darauf soll auch der Leichnam über und über schwarz geworden sein.

Angsterfüllt angesichts des Geschehenen ging niemand hinter dem Sarg, als der gewissenlose Anwalt zur letzten Ruhe bestattet wurde.

Ein teuflisches Werk

Der Dombaumeister

Der Dombau zu Bamberg – dessen Grundsteinlegung bereits vor mehr als tausend Jahren im Jahre 1004 stattfand – soll einem griechischen Meister aufgetragen worden sein. Eines Tages, der Baubeginn stand kurz bevor, wollte ein fremder Jüngling den Dombaumeister sprechen, und zwar mit der Bitte, er solle ihn zum Gehilfen

nehmen – denn zu zweit ginge das Bauvorhaben doch sicher viel schneller, als wenn nur einer das riesenhafte Werk zu bewerkstelligen habe. Der Dombaumeister willigte in den Vorschlag ein und übertrug dem Gehilfen den Bau des Peterstors, während er selbst das Georgentor errichten wollte. So arbeiteten die beiden rastlos an ihrem Werk, ein jeder bemüht, den anderen zu übertreffen.

Bald war zu sehen, dass der Bau des Georgentors viel rascher vonstatten ging. Das verdross den Jüngling sehr und weil er sich nicht anders zu helfen wusste, verschrieb er seine Seele dem Teufel, auf dass dieser ihm mit Rat und Tat zur Seite stehe.

Von dieser Stunde an sah die Sache anders aus. Das Peterstor stieg rascher in die Höhe, während am Georgentor kein Fortschritt bemerkbar war. Was man dort bei Tag schaffte, fiel nachts wieder in sich zusammen – denn zwei ungeheure Tiere, halb Kröte, halb Löwe, umschlichen das Werk und untergruben die Arbeit des Dombaumeisters.

Als der Teufel dachte, sein Versprechen gehalten und den Ehrgeiz des Jünglings befriedigt zu haben, lud er diesen eines Tages ein, mit ihm auf das Peterstor zu steigen und sich das Bauwerk von oben herab anzusehen. Der Jüngling folgte der Einladung in einiger Vorfreude – doch als er oben stand, ergriff ihn der Teufel und warf ihn von der Höhe hinab.

Eine teuflisch gefährliche Überfahrt

Der Geißfuß

Vor vielen Jahren hörte einmal ein Fischer von Langenprozelten auf der anderen Seite des Maines »Fährer hol'!« rufen. Es war tiefe Nacht und ein dichtes Schneegestöber ließ kaum drei Schritte weit sehen. Auch heulte der Sturm so laut, dass man fast sein eigenes Wort nicht hörte. Doch da war es wieder, deutlich und laut:

»Fährer hol'!«

Der Fischer bedauerte die arme Seele, die bei einem solchen Unwetter auf die Überfahrt warten musste und er entschloss sich, den bemitleidenswerten Rufer abzuholen. Er war noch nicht ganz am linken Ufer, als ein kräftiger, großer Mann in einem dunklen Mantel ins Boot sprang. Der kleine Nachen sank augenblicklich so tief ins

Wasser, dass der Rand kaum einen Finger breit über der Wasseroberfläche war und der Fischer ruderte aus Leibeskräften, um den unheimlichen Gast bald ans Land zu bringen.

Sobald man in die Nähe des rechten Ufers gelangte, sprang der Fremde wieder hinaus und eilte ohne Lohn und Dank davon. Der Fischer war allerdings froh, dass er den unheimlichen Mann los war und verzichtete gerne auf den Fahrlohn.

Am nächsten Morgen betrachtete er sich die Stelle, an welcher der Mann ans Ufer gesprungen war und fand im harten Gestein eine große Geißklaue tief eingedrückt. Diese Geißklaue soll noch heute unterhalb von Langenprozelten zu sehen sein.

Zum Teufel mit dem Teufel

Der kalte Schlag der Schmiede

Im Niederbayrischen Waldkirchen und in der dortigen Gegend war es Brauch, dass derjenige – Meister oder Geselle -, welcher nach Feierabend als letzter die Schmiede verließ, mit dem Hammer einen kalten Schlag auf den Amboss tat – damit Luzifer seine Kette nicht abfeilen kann.

Denn an dieser Kette feilt der Teufel jeden Tag, sodass sie immer dünner wird. Am Tag nach Jakobi wäre sie dann so dünn wie ein Zwirnsfaden, doch an diesem Tag würde sie durch das fromme Gebet auf einmal wieder ganz. Würden die Schmiede aber nur einmal vergessen, den kalten Schlag auf den Amboss zu tun, so könnte Luzifer seine Kette ganz abfeilen und die Welt für immer ins Unheil stürzen.

Wer hat Angst vorm schwarzen Mann?

Der lange Mann in der Mordgasse zu Hof

Vor dem großen Sterben, als die Pest zu Hof im Jahr 1519 Einzug hielt, hatte sich bei Nacht ein großer, schwarzer, langer Mann in der Mordgasse sehen lassen. Dieser Mann soll so groß gewesen sein, dass seine Beine gerade so an beiden Häuserseiten in die Gasse hinein passten und sein Kopf hoch über die Häuser gereicht hat.

Die Bewohnerin Walburga Widmännin habe eines Abends durch die Gasse gehen müssen und selbst gesehen, dass der Mann den einen Fuß bei der Einfahrt des Wirtshauses und den anderen gegenüber auf der andern Seite bei dem großen Haus gehabt hatte. Sie habe vor Schrecken nicht gewusst, ob sie zurück oder weitergehen solle, habe in Gottes Namen gewagt, ein Kreuz vorgemacht und sei mitten durch die Gasse unter dem Mann und zwischen seinen Beinen hindurch gegangen, denn in der engen Gasse wäre sie unmöglich an der Seite vorbeigekommen.

Mit einem Mal habe das Gespenst seine beiden Beine hinter ihr so hart zusammengeschlagen, dass sich ein großes Geprassel erhob, als würden alle Häuser in der ganzen Mordgasse zusammenbrechen. Kurz darauf folgte die große Pest – und das Sterben nahm in der Mordgasse seinen Anfang.

Mistforke 1, Lindwurm 0

Der Lindwurm in Schaippach

In Schaippach wurde erzählt, dass es dort vor vielen hundert Jahren einen riesigen Lindwurm gegeben habe. Dieses Ungeheuer richtete an Flur und Vieh vielerlei Schaden an. Deshalb beschloss man – nach einem besonders großen Toben des Lindwurms – das Scheusal zu töten.

Dieses Vorhaben konnte allerdings lange Zeit nicht in die Tat umgesetzt werden, da sich niemand mehr auf seinen Acker wagte. Eines Tages aber soll ein mutiger Bauer beim Mistausbreiten dem Lindwurm begegnet sein und ihn kurzerhand mit der Mistgabel erstochen haben. Ein Lindwurmdenkmal im Ort erinnert angeblich heute noch an die unheilvollen Zeiten und die mutige Tat des wackeren Bauern.

Früher soll das Denkmal zusammen mit dem Bildstock des heiligen Wendelinus, dem Schutzpatron des Viehs, aufgestellt gewesen sein. Heute habe es in der Nähe des sogenannten »Dietrichsackers« seinen eigenen Platz gefunden.

Ein Punkt für hunderttausend Tote

Der Pestvogel in Gräfendorf

Im 14. Jahrhundert, als in Gräfendorf die Pest wütete, raffte sie ohne Rücksicht auf Alter oder Stand die Einwohner hinweg. Es waren bereits viele Bewohner der gefürchteten und erbarmungslosen Seuche zum Opfer gefallen, als man bemerkte, dass ein unheimlicher, schwarzer Vogel mit auffallenden, weißen Punkten über dem Ort kreiste.

Keiner kannte den Namen seiner Gattung und niemand hatte ihn früher schon einmal gesehen. Als der Vogel endlich fortflog, zog auch die Pest mit ihm und die Gräfendorfer waren vom Schwarzen Tod befreit. Man sagte damals, wenn sich dieser Vogel eines Tages wieder im Dorf zeige, werde die Pest hier erneut ausbrechen.

Bist du nicht willig, so pflüg' ich dich halt

Der Pflug im Straubinger Wappen

Vor vielen Jahrhunderten wollte die Donau partout nicht an Straubing heran. Weit hinter dem Rücken der Stadt floss sie breit zwischen Wundermühle und Hornstorf hinab. Aber die Straubinger brauchten unbedingt den lebenspendenden Strom samt seinem wundervollen Gäuboden.

Eines Tages schmiedete man einen Plan und fertigte einen mächtigen Pflug. Dann spannte man alle starken Pferde davor und riss ein neues Strombett auf. Es wand sich südwärts ganz nahe zur Stadt heran. Die Straubinger pflügten es aus und leiteten mit Kunst und Bedacht das wallende Wasser hinein. Das folgte ihnen gehorsam und hieß fortan die neue Donau. Bei der alten wurde ein Steindamm, die Bschlacht, gebaut, damit es dem neuen Strom nicht wieder einfiel, umzukehren. Nur ein kleiner Arm fließt noch an alter Stelle, sodass die Hornstorfer und die von der Wundermühle auch noch eine Donau haben. Den Pflug aber erhoben die Straubinger in ihr Wappen und haben ihn dort allzeit in Ehren gehalten.

›Es schleichet der Schlorggger beim singenden Pfaff‹

Der Schlorggger in Kaufbeuren

Zur Melodie von Carl Reineckes »Es klappert die Mühle am rauschenden Bach«.

Vor vielen, vielen Jahren, als um die Sankt-Martins-Pfarrkirche in Kaufbeuren noch ein Friedhof war, spukte dort nächtlich zu gewissen Zeiten ein Geist. Dieser Geist huschte stets in Schlappschuhen daher und deshalb nannte man ihn den »Schlorggger«. Er ging gewöhnlich um die Kirche herum, während das Innere derselben hell erleuchtet war und man den frommen Gesang vernehmen konnte.

Viele fürchteten den Schlorggger sehr und wären um keinen Preis des Nachts auf den Friedhof zu bringen gewesen. Als dann später der Platz für den Friedhof zu klein geworden war, hatte man diesen vor die Stadt hinaus verlegt – und seitdem blieb auch der Schlorggger verschwunden.

Ihre Waschkraft machte sie so ergiebig

Der schwarze Mann

Ein Kaufmann, welcher die Donau mit seinen Gütern herabfuhr, wurde bei Höchstädt in Schwaben von einem großen Sturm überrascht. Das Boot war nahe daran unterzugehen, da erschien ein auf dem Wasser gehender, schwarzer Mann. Dieser versprach dem Kaufmann, ihn mit seinen Gütern zu retten, wenn er ihm das geben werde, was ihm in seinem Hause unbekannt sei. Der Kaufmann achtete in seiner Todesangst nicht lange auf irgendwelche Kleinigkeiten wie Bedingungen, sondern versprach es und musste die Urkunde mit seinem Blut unterzeichnen. Der Sturm legte sich alsbald und der Kaufmann kam wohlbehalten mit seinen Gütern nach Hause.

Freudig eilte ihm seine Gattin entgegen. Der Kaufmann aber war bestürzt, als sie ihm sagte, dass sie guter Hoffnung und baldige Mutter sein werde. Sie gebar ein Mädchen, welchem nach sechs Jahren sein Schicksal eröffnet wurde. Einige Jahre später erschien der schwarze Mann und holte das Mädchen mit der Versicherung ab, dass ihm

kein Leid geschehen werde. Der schwarze Mann führte das Mädchen über die Donau in eine Felsenhöhle und verwandelte sich dort in einen schwarzen Pudel. Dort war es die Aufgabe des Mädchens, den Pudel zu strählen und zu pflegen.

Einige Jahre später heiratete die Schwester des Mädchens und der Pudel erlaubte seiner Pflegerin, zur Hochzeit zu fahren. In schöne Gewänder gekleidet kam sie dort zur größten Freude ihrer Familie an. Nach drei Tagen kehrte sie zurück, wurde aber unterwegs von einer schwarzen Hexe geraubt und von derselben längere Zeit schlecht behandelt.

Der Pudel begleitete sie jedoch stets als unsichtbarer Geist und sagte ihr, wie sie sich gegen die Hexe zu schützen habe. Eines Tages sagte die Hexe dem Mädchen, dass sie es entlassen wolle, wenn es drei Bedingungen erfülle. Die erste und zweite sind nicht mehr bekannt; die dritte Bedingung aber war: einen schwarzen Wollstrang weiß zu waschen. Auch diese Bedingung erfüllte das Mädchen, der Hund und die Hexe waren erlöst und das Mädchen kehrte reich mit Schätzen beladen endlich zu seinen Eltern zurück.

Von den Socken

Der Strumpfstricker zu Ingolstadt

Im Jahre 1634, um die Zeit des Überfalls des Herzogs Bernhard von Weimar, wollte ein gewisser Oberst von Farnspach die Festung verraten. Er stand im Bund mit einem Strumpfstricker aus Ingolstadt. Dieser sollte sich mit einem roten und weißen Strumpf auf dem schwächsten Punkte des Verteidigungswalls sehen lassen.

Der Verrat jedoch missglückte, was allerdings dem Strumpfstricker widerfahren ist, blieb unbekannt – bis auf die Tatsache, dass er danach auf einem der nördlichen Stadttürme zwischen dem Feldkirchner- und Hardertor in einem Gemälde verewigt worden war. Ein Statthalter namens Santini soll oftmals in heiligem Eifer auf diese Abbildung geschossen haben. Heute ist das Bild längst verschwunden. Oberst Farnspach wurde in Regensburg enthauptet.

Eine andere Sage schrieb die Festigkeit dieses Platzes dem Umstand zu, dass der Teufel persönlich des Nachts mit einem Zwölfpfünder im Arm auf der sogenannten Teufelsbastei Wache hielt.

Schwedenbitter

Der Spuk in der Universitätsbibliothek zu Würzburg

Im Gewölbe der Manuskriptsammlung der Universität Würzburg spukte vor Jahrhunderten von Zeit zu Zeit nachts ein graues Männchen, welches immer einen Pack Pergamentmanuskripte unterm Arm trug. Es soll der Geist eines Bibliotheksdieners gewesen sein, welcher einst den Schweden die versteckten wertvollen Manuskripte verraten hatte und welche dann sämtlich von Gustav Adolph nach Schweden geschickt wurden.

Mit Hirsch, Gockel und Hund den Satan ausgetrickst

Der Teufelsfelsen

Ein hoher Fels an der Donau bei Kelheim hat den Namen Teufelswand. Ganz in der Nähe der Teufelswand befindet sich ein anderer, den Wasserspiegel der Donau zum Teil überragender Fels. Diesen nannte man das Teufelsloch. Hier soll die Donau früher sehr eng gewesen sein.

Ein Baumeister habe mit Hilfe des Teufels den Durchgang ausgebrochen, wogegen sich dieser zum Lohn die ersten drei Seelen versprechen ließ, welche durch das neue Bett fahren würden. Als nun der Teufel den Felsen ausgebrochen hatte, ließ der clevere Baumeister zuerst einen Hirsch, einen Gockel und einen Hund in einem Nachen durchfahren.

In seinem Zorn verwandelte der Teufel diese Tiere auf der Stelle in Stein. Daher heißt ein Felsen das Teufelsloch und drei andere nennt man Hirschsprung, Gockel und Hund.

Ein Ring, sie alle zu schützen

Der Wallensee

In den bayerischen Alpen bei Kochel liegt von hohen Bergen eingeschlossen ein See, genannt der Waller- oder Walchensee. Seine dunklen Wasser sollen von unergründlicher Tiefe sein. Lange stand er mit dem Weltmeer in Verbindung. Dies wird dadurch belegt, dass der See im Jahre 1755, als Lissabon durch das große Erdbeben zerstört wurde, heftig getobt und gebraust hatte.

Auch zu anderen Zeiten stürmt und schäumt er oft hoch auf – und würde er einmal das Felsenbett in seiner Wut zersprengen, würden sich seine Wasser gegen München ergießen, und die Stadt wäre ein Opfer seiner unermesslichen Fluten.

Zur Abwendung dieses entsetzlichen Unglücks wurde in einer ehemaligen, in der Gruftgasse befindlichen Gruftkirche täglich eigens eine heilige Messe gelesen und zur Sühne des zürnenden Wassers alle Jahre ein goldener Ring geweiht und in den Wallersee geworfen.

Tripelkopf

Die drei Götzen

Vor mehr als hundert Jahren befand sich am Karlstor in München ein Torwarthaus mitsamt der zugehörigen Zöllnerstube. In dieser Zöllnerstube stand ein großer, steinerner, unförmiger Kopf mit drei Gesichtern – einem schwarzen, einem roten und einem weißen. Man nannte diesen Kopf »die drei Götzen«. Auf dem Kopf waren außerdem die Jahreszahlen 1105, 1109 und 1767 eingemeißelt.

Der Sage nach soll in uralter Zeit an der Stelle, wo sich heute das Karlstor befindet, ein heidnischer Götzentempel gestanden haben, in welchem dieser Kopf verehrt worden sei. Im Rahmen des Abbruchs der Wälle und des Torwarthäuschens verschwand dieser Kopf spurlos und man vermutete, dass er wahrscheinlich zertrümmert wurde.

Fischlein, Fischlein, geh' zur Ruh, mache beide Augen zu

Der Weltfisch

Die Stadt Cham soll früher viel größer gewesen sein. Chammünster soll damals in der Mitte gelegen haben und Chamereck die östliche Spitze gebildet haben. Man erzählte, die ganze Stadt stehe auf dem Schweif eines ungeheuer großen Fischs. Damit niemand den Fisch erschrecke und dieser durch seine Bewegung die Stadt zerstöre, dürfe der Hirt beim Austreiben des Viehes nicht das Horn blasen.

Am Fieber erfroren

Die drei Späne

In den langen Winternächten war es früher Brauch, dass die Leute zusammensaßen und sich gegenseitig Geschichten erzählten. Es ist schon viele Jahre her, da man auch bei der Gunkel im Gärtnerhaus zu Lichtenberg von schauerlichen Begebenheiten berichtete, wie zum Beispiel von der Teufelsschlucht (bzw. einer Stelle, die offenbar auch »Teufelskuchen« genannt wurde). In der Gesellschaft befand sich an diesem Abend auch eine junge Frau. Keck und vorwitzig spottete sie über das Gehörte und sagte, sie traue sich jetzt und sofort in der Finsternis allein in die Schlucht zu gehen.

Manche Leute, vor allem die Älteren, bekreuzigten sich ob solch einer grundlosen, vermeintlichen Herausforderung des Bösen. Andere wiederum forderten sie auf, Wort zu halten, und zum Beweis, dass sie tatsächlich dort gewesen war, drei Späne aus dem Eibenbaum zu schneiden. Am nächsten Tag wolle man dann nachsehen, ob sie es auch wirklich getan habe.

Die junge Frau ließ sich nicht aufhalten und war auch schon in die Nacht hinaus. Bald kam sie zur Schlucht und fand den bezeichneten Baum. Sie zog ihr Messer und schnitt rasch den ersten Span. Doch was war das für ein Schrecken für das junge Ding, als es rund um sie herum zu knistern begann! Sie schüttelte den Kopf. Vielleicht war sie zu schnell gelaufen, dass sie sich jetzt Dinge zu sehen einbildete.

Sie verzagte also nicht und schnitt den zweiten Span. Dieses Mal fuhren aber ganz deutlich feurige Funken heraus und nun war das Mädchen sicher, dass sie sich nichts eingebildet hatte. War also doch etwas an dieser Gegend, vor dem die Alten zu Recht gewarnt hatten?

Doch bevor sie sich selbst die Frage beantworten konnte und bevor ihr der Schrecken das Herz zu erfrieren drohte, hob sie ihr Messer und schnitt den dritten Span, schrie laut in die Nacht hinein, es sei doch alles nur Geschichte und Schabernack. Dann lief sie doppelt so schnell nach Hause, wie sie gekommen war – doch um sie herum war ein wildes Feuer, als brenne die Luft um sie herum wie eine wütende Gloriole.

Im Gärtnerhaus sagte eine alte Frau gerade, dass es nun für das Mädchen wahrscheinlich schon zu spät sei – und im selben Moment stürzte dieses zur Tür hinein, bleich wie der Tod. Im nächsten Augenblick warf sie die drei Späne auf den Tisch. Die ganze Gesellschaft im Haus wurde von einem unbeschreiblichen Entsetzen gepackt, als nicht drei Holzspäne, sondern drei weiße, bleiche Totengebeine auf das Tischbrett rasselten – und die junge Frau vor dem Tisch zusammenbrach.

In dieser Nacht traute sich niemand mehr hinaus. Alle warteten, bis der neue Tag beginnen würde, und beteten inbrünstig für die junge Frau. Man schalt sich, dass man sie in der Nacht alleine ziehen ließ, doch die Reue kam zu spät:

Drei Tage später würde die junge Frau sterben. Bis dahin erzählte sie, während das Fieber sie schüttelte, immer und immer wieder, was sie in dieser Nacht gesehen hatte.

Wenn keine Gebete mehr helfen

Die Drudensteine

In der Gegend von Kempten und Oberstdorf in Schwaben nennt man einen kleinen, runden Stein mit einem Loch Drudenstein. Seine Abrundung ist, wie bei allen Flussgeschieben, durch das Abreiben der Kanten und Ecken im strömenden Wasser erfolgt. In dem Loch, welches bei keinem Drudenstein fehlen darf, steckte möglicherweise ein Belemnit. Das sind sogenannte Kopffüßler, die beim Formen des Lochs im Drudenstein schon längst fossilisiert waren – denn ihre Art ist, zusammen mit den Dinosauri-

ern, vor rund 66 Millionen Jahren ausgestorben. Diese Belemniten sind beim Volk als Donnerkeil oder Teufelsfinger bekannt.

An diese Drudensteine knüpft sich ein alter Aberglaube, welcher in der genannten Gegend vor gar nicht allzu langer Zeit offenbar noch nicht ganz erloschen war:

Oft fühle man nachts im Bett, wenn man wach sei, ein deutliches Drücken auf der Brust; oder man nehme deutlich wahr, wie sich etwas dem Bett nähere, sich allmählich auf das Bett bewege und endlich auf dem im Bett liegenden Menschen mit solcher Last ruhe, dass dieser sich nicht mehr rühren und selbst nicht um Hilfe rufen könne.

Außerdem komme es oft vor, dass kleine Kinder in der Wiege in einer einzigen Nacht scheinbar ohne Grund große Beulen am Körper bekommen oder dass sie nicht schlafen und nicht mehr richtig atmen können.

Oft bemerke man morgens im Pferdestall, dass die Mähnen oder Schweife der Pferde wie in Zöpfe verflochten scheinen, dass sie kaum auseinanderzubringen sind.

Dies alles solle angeblich ein Werk der Druden sein und das Gegenmittel sei der Drudenstein. Wenn man ein Bändchen oder einen Riemen durch das Loch dieses Steins ziehe und ihn in der Stube, an der Wiege des Kindes oder im Pferdestall aufhänge, so könnten die Druden nichts machen. Alte Hebammen hätten früher solche Steine besessen und den jungen Müttern ausgeliehen, damit diese ihre Kinder schützen könnten.

Mit Ansage zählt doppelt

Die Prophezeiung des Soldaten

In der Näre von Waldmünchen zogen vor vielen Jahren während einer Kriegszeit die Soldaten durch ein Feld. Eine Reihe junger Frauen war gerade dabei, Krautpflanzen zu stecken. Plötzlich zog einer der vorbei marschierenden Soldaten die Pflanze, welche ein hübsches Mädchen soeben gesteckt hatte, wieder heraus, legte sie neben das Loch auf einen Stein und sagte:

»So wahr diese Pflanze hier gedeiht, so wahr wirst du mein.«

Und tatsächlich – die Pflanze wuchs auf dem Stein und wurde schöner als alle anderen. Auch der Soldat kehrte gesund zurück und das Mädchen wurde seine Frau.

Sogar der Teufel weiß: Geiz ist nicht geil

Die drei Fräulein

In der Nähe von Wolfratshausen habe vor langer Zeit außerdem ein Schloss gestanden, das aber schon lange versunken sein soll. Allerdings befinde sich darinnen noch ein großer Schatz, der von drei Fräulein und einem Hund gehütet würde.

Als die drei jungen Frauen noch lebten, war ihnen eine Erbschaft zugefallen. Zwei von ihnen waren jedoch blind – und von der dritten heißt es, sie sei halb schwarz und halb weiß gewesen.

Bei der nun anstehenden Teilung mit ihren beiden Schwestern verfuhr die dritte dann offenbar genau so, wie die Brüder auf der Burg am Rhein es mit ihrer blinden Schwester getan hatten: Sie selbst maß sich einen vollen Scheffel Geld zu, drehte dann den Scheffel um, bedeckte den Boden und ließ die Blinden fühlen, dass das Gefäß voll sei.

Dafür prügelt der Teufel sie von nun an jeden Tag mit der Rute, bis ihre Haut in Fetzen vom Körper hängt und in der zwölften Stunde wieder zusammenwächst. Dieses Tun soll so lange andauern, bis der Schatz gehoben ist.

Im Namen des Lichtbringers, des Morgensterns und des Luzifers, Amen

Die umgehende Wehmutter

In Augsburg lebte zum Ende des 18. Jahrhunderts die sogenannte Wehmutter. Sie war eine Hebamme, welche die Kinder bei Nottaufen immer in des Teufels Namen taufte. Nach ihrem Tod musste sie in verschiedenen Gestalten umherirren, so zum Beispiel als Hund, als Kalb und dergleichen. Sie war grässlich anzusehen und wurde besonders Wöchnerinnen und kleinen Kindern gefährlich, welchen sie sich durch wehmütiges Winseln bemerkbar machte.

In den Raunächten (auch: Rauchnächten; die Zeit vom 25. Dezember bis zum 06. Januar) zog sie immer durch die Straßen. Wenn jemand neugierig zum Fenster

hinaus schaute, dem schwoll der Kopf. Ihr Geist gab nicht eher Ruhe, bis sie ein Geistlicher in die Donau bei Regensburg verbannte.

~~~

Andere Quellen sagen, ein Kapuzinermönch namens Köpplin habe die Wehmutter in die Wertach gebannt.

Ihr Autor ist sich bei Inhalten wie in diesen letzten beiden Sagen und auch der nachfolgenden selten wirklich sicher, ob es sich um gut gemeinte, der Unterhaltung dienende Erzählungen oder den vorsätzlichen Versuch einer üblen Nachrede handelt – oder zumindest um ein Nachtreten nach dem Pfiff.

Es gibt im Bereich »Sagen & Legenden« kaum verlässliche Quellen, die einwandfreie Rückschlüsse darauf erlauben, dass Mönche – lies: Anhänger des christlichen Glaubens und verpflichtet, Jahwes in der Bibel notierten Gesetze einzuhalten – tatsächlich Dinge wie »Bannen« und andere Beschwörungen vorgenommen hätten.

Wäre das nämlich der Fall, könnte – vermutlich leider: müsste – man ihre Handlungen als »Zauberei« interpretieren – und diese ist von Jahwe nicht nur eindeutig verboten, sondern auch das Strafmaß verschafft ein Empfinden, wie wenig Handlungen dieser Art geduldet waren. Man lese Deu 18:10-12:

» 10) Es soll niemand unter dir gefunden werden, der seinen Sohn oder seine Tochter durchs Feuer gehen lässt, oder einer, der Wahrsagerei betreibt oder Zeichendeuterei, oder ein Beschwörer oder ein Zauberer

11) oder einer, der Geister bannt, oder ein Geisterbefrager oder ein Hellseher oder jemand, der sich an die Toten wendet.

12) Denn wer so etwas tut, ist dem Herrn ein Gräuel, und um solcher Gräuel willen vertreibt der Herr, dein Gott, sie vor dir aus ihrem Besitz.«

Ihr ergebener Autor gibt lediglich wieder, was sich in unserer deutschen Sagenschatzkiste findet. Er ist wie der Läufer, der das Ergebnis der Schlacht von Marathon verkündet. Er ist kein Verkäufer, der auf diesen Inhalt einen für alle verbindlichen Preis fixiert. Stets soll der lesende Mensch selbst entscheiden, was davon zu halten ist.
~~~

Gut geneppt ist halb geprellt

Die Wirtin von Schweinau

Es ist schon viele Jahre her, dass in Schweinau die Frau eines Wirtes, der nebenbei auch Metzger und Milchmann war, in den letzten Zügen lag. Sie war ihr Leben lang habsüchtig und geizig gewesen und blieb es auch noch auf ihrem Sterbelager. Anstatt an den Tod zu denken und sich auf das Jenseits vorzubereiten, musste sie unbedingt noch über allerlei Hausgeschäfte mit ihrem Gesinde reden.

Eines Morgens, es war gerade gemolken worden und die Milch sollte zum Bäcker gebracht werden, rief die Alte unter Aufbietung ihrer letzten Kräfte:

»Bub', in die Maß Bäckermilch gehört immer ein Glas Wasser!«

Nach diesen Worten verschied die Frau.

Bald darauf ging es im Haus um. Alle Dienstboten konnten die Frau sehen, ob sie es wollten oder nicht. Nur ihr Mann konnte sie nicht sehen, obwohl der es sich sehr wünschte.

Schließlich wurde er eines Nachts durch ein leises Stöhnen und Winseln aus dem Schlaf geweckt. Als er aufstand, erblickte er seine Ehefrau, wie sie geleibt und gelebt hatte, im großen Lehnstuhl hinter dem Ofen sitzen. Sie hatte ein großes Tuch in der Hand, womit sie ständig ihre tränennassen Augen trocknete.

»Liebe Frau«, fragte der Mann erschrocken, »warum kannst du die ewige Ruhe nicht finden?«

Darauf entgegnete die Frau:

»An der Fleischwaage ist ein Haken, der ist zu schwer. Was ich für deine Kinder beiseitegelegt habe, das nimm aus der Truhe und gib es den Vormundskindern. Diese beiden Vergehen kannst du noch gutmachen. Dass ich aber beim Milchschank immer den Daumen ins Maßblech gehalten habe, kannst du nimmer gutmachen und deswegen habe ich keine Ruhe im Grab.«

Und so soll es wohl heute noch sein, denn noch immer will man in Schweinau das Jammern und Wimmern der verstorbenen Wirtsfrau aus der Tiefe des Grabs hören.

Kopflose sind meistens Nieten – doch hier erzielen gleich vier Spieler den Hauptgewinn

Diez Schwinburg

Im Jahre 1337 ließ Kaiser Ludwig IV., auch bekannt als Ludwig der Bayer, nach einiger Hatz den Landfriedensbrecher Diez Schwinburg mit seinen vier Knechten einfangen, nach München bringen und dort zum Tod durch das Schwert verurteilen.

Danach soll Diez die Richter als letzten Wunsch gebeten haben, sie möchten ihn und seine Knechte in einer Reihe, jeden acht Schuh voneinander entfernt aufstellen und mit ihm selbst die Enthauptung beginnen: Könne er noch aufstehen und vor den Knechten vorbeilaufen, so bitte er darum, dass alle, an denen er vorbeigelaufen wäre, begnadigt werden und das Leben geschenkt erhalten möchten.

Als ihm dieses die Richter spottweise gewährten, stellte er seine Knechte auf wie beschrieben, den ihm Liebsten am nächsten zu sich, und kniete getrost nieder. Nachdem sein Haupt abgefallen war, stand er auf, lief an allen vier Knechten vorbei, fiel erst dann zu Boden und blieb liegen. Die Richter wagten nicht, das Todesurteil an den Knechten zu vollstrecken. Sie berichteten dem Kaiser, was sie mit eigenen Augen gesehen hatten, und erreichten es tatsächlich, dass den Knechten das Leben geschenkt wurde.

Auto-Teile-Urian: schneller Service, teure Rechnung

Erlebnisse am Fastnachtsdienstag

Die Quellen scheinen sich unsicher, welches Windheim gemeint ist: der Ortsteil von Hafenlohr, der Ortsteil von Münnerstadt, der Ortsteil von Steinbach am Wald, oder ein Ortsteil der Gemeinde Wartmannsroth im Landkreis Bad Kissingen.

In der Vergangenheit war es hierzulande üblich, dass am Fastnachtsdienstag niemand in den Wald gehen darf, weil an diesem Tag dort die unholden Wesen alles Recht haben. Wer es trotzdem tat, konnte sich auf eine böse Überraschung gefasst machen – und wer es getan hatte, wusste davon zu erzählen.

Mehrere Windheimer Männer fuhren einmal an einem Fastnachtsdienstag in den Wald, um in den Teufelsgrüben, einer Abteilung im Fürstlich-Löwensteinschen Park, Holz zu holen. Als sie eine Fuhre geladen hatten, brach ihnen ein Rad.

»Jetzt müssen wir den Wagen stehen lassen«, sagten sie, »das ist wirklich ärgerlich.«

»O nein!«, rief es da schon hinter ihnen.

Als die Männer sich umwandten, sahen sie dort den Teufel stehen, der auch schon ein neues Rad in der Hand hielt. Er steckte es an die Achse und machte es fest. Dabei plauderte er ganz leutselig mit ihnen, wie arg es sei, wenn einem unterwegs etwas passiere, wie bitter, wenn man wieder unverrichteter Dinge heimgehen müsse, und machte in allerlei allgemeinen und unverbindlichen Redensarten. Es freuten sich die Männer, dass der Teufel so umgänglich sei, und einer meinte dann:

»Diesmal haben wir Glück gehabt.«

»Freilich«, sagte der Teufel, »Glück muss der Mensch haben, sicher, und, ach ja, was ich noch sagen wollte: Umsonst ist nicht einmal der Tod, denn der kostet das Leben. Für das Rad muss ich mir einen von euch mitnehmen. Ihr könnt aussuchen, wer es sein soll.«

Die Männer erschraken sehr und baten Meister Urian, dass er das Rad doch wieder zurücknehme, aber darauf ließ er sich nicht ein. Sie handelten aus, wer mit dem Teufel gehen solle, konnten sich aber nicht einig werden und begannen zu streiten. Das dauerte dem Teufel zu lange – er packte den Nächstbesten und schleppte ihn davon.

›Ich hab' heute nichts versäumt, denn ich hab' nur vom Schatz geträumt.‹

Traum vom Schatz auf der Brücke

Vor vielen Jahrhunderten hatte ein Mann eines Nachts einen sehr sonderbaren Traum: Er solle gleich am nächsten Tag nach Regensburg gehen, und zwar auf die Brücke, denn dort würde er reich werden.

Der junge Mann hatte noch nie einen derart seltsamen Traum gehabt und vor lauter Neugier ging er tatsächlich nach Regensburg. Nachdem er dort eine Weile ergebnislos

verbracht hatte, kam ein reicher Kaufmann zu ihm, weil er sich wunderte, was der Mann denn jeden Tag auf der Brücke mache. Also grüßte er und fragte ihn, was er dort mache. Der junge Mann antwortete, etwas verzagt, weil er schon so lange wartete:

»Es hat mir geträumt, ich soll nach Regensburg auf die Brücke gehen, denn dort würde ich reich werden.«

»Ach«, sagte der Kaufmann, »was redest du von Träumen! Träume sind Schäume und Lügen. Mir hat es auch einmal geträumt, dass unter einem bestimmten dieser großen Bäume«, und der Kaufmann deutete auf den Baum, »ein großer Kessel mit Geld begraben sei. Aber ich achte nicht groß auf so etwas, denn Träume sind Schäume.«

Der junge Mann verspürte jedoch etwas und ging gleich zu dem bezeichneten Baum. Dort begann er, unter dem Baum zu graben, und fand einen großen Schatz, der ihn sehr reich machte. Sein Traum war tatsächlich in Erfüllung gegangen.

Diese Sage ist vermutlich eine der beliebtesten und deshalb bekanntesten Wandersagen Deutschlands, denn sie ist in jedem Bundesland anzutreffen.

Leider finden wir ihr Erbe in den vielen E-Mails mit Titeln wie »Wie Auch Sie Garantiert Schnell Reich Werden« wieder, welche sich an die Verzweifelten und Notleidenden unter uns richten, nur, um diese dann mit den branchenüblichen Betrügereien wie »Es Kostet Sie Nur Etwas Mut Und Diese Einmalige Zahlung« auch um ihr allerletztes Geld zu erleichtern.

Es kann das Geistlein nicht in Frieden trinken, wenn es der bösen Schickse nicht gefällt

Vom Mostgeistlein

Bei einem Bauern in Hafenlohr wohnte schon seit vielen Jahrzehnten fast unbemerkt ein Geistlein. Es hatte hinter dem Herd eine Ritze, in der es schlief, war äußerst scheu und ließ sich nur sehr selten sehen. In den Nächten kam es aus seinem Schlupfwinkel hervor und schlich sich in den Keller. Dort trank es bis zum Morgen – aber das Geistlein war so klein, dass auch sein größtes Trinken keinen Schaden verursachte.

Die Frau des Bauern war ein habsüchtiges Weib und sie neidete es dem Geistlein sehr, dass es immer wieder vom Most trank. Eines Abends stellte sie heimlich eine Schüssel voll Wasser auf die dunkle Kellertreppe. Das arme Mostgeistlein fiel hinein und musste jämmerlich ertrinken. Seitdem gerät in diesem Keller kein Most mehr.

Sonne, Mond und Sterne

Von dem Mann namens Böckler

Vor vielen Jahrhunderten war ein Dillinger Mann zu Geschäften nach Italien gereist. Als er sich wieder auf der Rückfahrt nach Deutschland befand, fiel das Schiff, auf dem er sich befand, nur kurze Zeit, nachdem es den Hafen verlassen hatte, in die Hände von Seeräubern. Diese nahmen alle Wertsachen an sich, segelten mit ihrer Beute nach Algier und verkauften die gefangene Besatzung sowie die Reisenden auf dem Sklavenmarkt. Der Dillinger hatte das große Unglück, an einen sehr grausamen Herrn verkauft zu werden.

Der Unglückliche wurde zur härtesten Arbeit kommandiert, war den ganzen Tag an schwere Ketten gefesselt und musste mit einem Trupp Leidensgefährten selbst bei brennender Sonnenhitze, nur mit einigen Lumpen bekleidet, das Land bebauen. Es vergingen viele Jahre, von denen er jeden Tag in seinem großen Elend verbringen musste – wohl wissend, wie viel besser es ihm selbst an den schlechten Tagen in der bayrischen Heimat gegangen war. Eines Tages war es soweit und endlich gab er jede Hoffnung auf, jemals wieder in sein geliebtes Vaterland zurückkehren zu können.

Wieder war eine lange Zeit vergangen, als ein vornehmer Herr – die Sage ist sich nicht sicher: der sich entweder lange in Dillingen aufgehalten hatte oder vielleicht hier geboren war – zu Geschäften nach Algier reiste und dort auch zu dem Herrn kam, der den Mann aus Dillingen als Sklaven hielt. Durch eine glückliche Fügung traf der Geschäftsreisende den Skalven mit der ungewöhnlich hellen Haut und war nicht wenig erstaunt, als dieser ihm offenbarte, Deutschland im Allgemeinen und Dillingen im Besonderen sei seine Heimat. Der vornehme Herr konnte seine Überraschung nicht verbergen und rief:

»Um meiner geliebten Stadt alleine willen wollte ich dich gerne loskaufen, doch gib mir erst einen Beweis, dass du wirklich ein Dillinger bist: Sage mir, was hat die Uhr am mittleren Torturm für ein Zeichen?«

»Sonne, Mond und Sterne sind an ihr angebracht«, entgegnete der Sklave sofort und erzählte dem fremden Herrn danach noch eine Menge weiterer Umstände, die nur ein Mensch aus Dillingen an der Donau wissen kann.

Der vornehme Geschäftsreisende war überzeugt und kaufte den Mann gegen eine große Summe Geldes von seinem Herrn aus dem Sklavenstand frei – und bezahlte in seiner Großzügigkeit seine Heimreise. Dieses Mal verlief die Schifffahrt ohne Probleme und der Mann kam nach vielen Jahren überglücklich in seiner Heimatstadt Dillingen an. Er gründete ein Geschäft, baute sich ein Haus und wurde bald ein angesehener und begüterter Mann. Zur Erinnerung an die überstandenen Jahre voller Schmerz und Leid sowie natürlich zum Gedenken an seine Erlösung ließ er unterhalb der Uhr am mittleren Tor zwei Böcke anbringen, die mit dem Uhrwerk in Verbindung stehen. Dies soll zugleich auch Anspielung auf seinen Namen gewesen sein, denn der Mann soll Böckler geheißen haben.

Ergebnis vom Wurstpokal des Dreißigjährigen Krieges: Spvgg Geiselwind-Katze 1 – Schwedengeneral 0

Das Wurstmännchen (auch: Die Murrmann-Sage)

Im Dreißigjährigen Krieg hatte sich ein schwedischer General mit seiner Heeresabteilung vor Geiselwind postiert. Der Ort hatte damals hohe und starke Mauern und hinter diesen Mauern wohnte eine tapfere Bürgerschaft. Drei Male ließ der General zur Übergabe auffordern – doch die Bürger wollten nur sehr ungern aufgeben.

Dann rückten die feindlichen Scharen näher heran und machten Anstalten, die Mauern zu erstürmen. Schon fielen draußen die ersten donnernden Schüsse, als die Vertreter der Bürgerschaft aus dem Rathaus kamen. Sie hatten beschlossen, durch ihre Abgesandten den feindlichen General nochmals um Gnade zu bitten und so gingen

diese hinaus mit der weißen Fahne in der Hand. Das Belagerungsgeschütz schwieg und der General empfing die Abgesandten in seinem Zelt. Dort war er eben im Begriff gewesen, eine Wurst zu essen. Er hörte die Bürger an, wollte aber nichts von Bedingungen wissen – unbedingte Übergabe war es, worauf er bestand. Da riefen die Bürger aus:

»Nun, so wolle uns Gott helfen, dass Ihr nicht in unsere Mauern kommt!«

Der General entgegnete jedoch:

»So wahr ich diese Wurst in meinen Händen halte, komme ich hinein«,

Aber genau in diesem Augenblick sprang eine große Katze auf die Schulter des Generals, schnappte ihm flink die Wurst aus der Hand und lief rasch davon.

Die Gesandten kehrten eilig nach Hause zurück und erzählten allen Leuten von diesem sonderbaren Vorfall. Ihre Erzählung ermutigte die Bürger, welche das Ungeschick des Generals als ein gutes Omen nahmen. Und tatsächlich: Tapfer kämpfend wehrten die Bürger den Feind mehrmals ab. Die Schweden mussten sich zurückziehen und Geiselwind wurde nicht erobert. Zum Andenken ließ die erleichterte Bürgerschaft diese merkwürdige Begebenheit in Stein nachbilden. Auf dem Denkmal ist der General mit einer großen Wurst in der linken Hand zu sehen und eine nach der Wurst krallenden Katze auf seiner rechten Schulter dargestellt. Es ist noch heute als Wahrzeichen von Geiselwind auf dem Marktplatz zu sehen.

Für immer in Herrn Urians Sweat-Shop

Der Teufel und die Näherin

Im oberpfälzischen Bad Kötzting lebte vor langer Zeit eine Näherin, die sich auf ihre Fähigkeiten einiges einbildete. Einmal soll sie sogar getönt haben:

»Ich möchte gerne einmal mit dem Teufel um die Wette nähen!«

Kaum hatte sie das ausgesprochen, stand der Teufel auch schon mit Nadel, Faden und einem großen Stück Stoff vor ihr. Er nahm sie beim Wort – und nun sollte sie mit ihm um die Wette nähen, wer zuerst ein Hemd fertig habe.

Der Teufel gewann die Wette und nahm die Näherin mit. Es ging bis zur Isar, dann sprang er mit ihr in den Fluss und fuhr dort im Wasser abwärts bis zur Höllentür.

6.

Sagen und Legenden von Bergen, Burgen und Schlössern

Sechs Feinunzen Quak

Ausgehackte Frösche

Vor mehreren hundert Jahren geschah einem Weinbauern aus Schweinfurt etwas sehr Seltsames. Unterhalb der Petersstirn bei der Mainleite war er mit seiner Frau mit dem Bearbeiten eines Weinbergs beschäftigt, der unmittelbar unter der Trümmerstätte liegt. Die Frau hackte sehr fleißig und mit einem Mal hackte sie bei jedem Schlag in die Erde einen Frosch heraus. Als sie wohl fünf oder sechs Frösche herausgehackt hatte, fielen ihr die merkwürdigen Tiere auf und sie sagte zu ihrem Mann:

»Pfui! Was sind das garstige Frösche.«

Sie hackte weiter, doch nun kamen keine mehr zum Vorschein. Der Mann war inzwischen herbeigekommen, weil ihn die Worte seiner Frau sehr verwundert hatten. Er bückte sich, um nach den Fröschen zu sehen, konnte aber keinen einzigen entdecken.

Allerdings leuchteten auf dem frisch gehackten Boden so viele Goldstücke, wie zuvor Frösche zum Vorschein gekommen waren. Der Mann hob sie auf, steckte sie ein und schimpfte mit seiner Frau, warum sie nicht stillschweigend weiter gehackt habe. Beide hackten und brachten den ganzen Tag damit zu – doch es kamen keine Goldfrösche mehr.

Eine Lüge, eine Liebe und eine List

Burg Hohenbogen

Vor vielen hundert Jahren seien die Ritter von Lichtenegg und ihre Kontrahenten vom Hohenbogen lange Jahre einander in einer Fehde verwickelt gewesen. Eines Tages tat der Lichtenegger Burgherr, als sei er des Kampfes müde, und bat seinen Gegner und dessen Söhne zu einem Friedensangebot auf sein Schloss.

Hier bewirtete er sie aufs köstlichste und während die Gäste, die auf das Ehrenwort ihres Gegners vertraut hatten, dem Wein des Gastwirts wacker zusprachen, ließ dieser durch seine Leute die ihrer besten Verteidiger beraubte Burg Hohenbogen ersteigen und in Brand stecken. Als die Flammen hoch aufloderten, führte er seine Gäste schadenfroh ans Fenster und warf danach die hinterlistig Getäuschten ins Burgverlies.

~~~

Nach einer anderen Sage schreitet das Burgfräulein jede Nacht zur Geisterstunde in weißem Sterbekleid aus dem verfallenen Tor hervor. Sie steigt in den Graben hinab und lässt sich auf einer bemoosten Steinplatte am Fuß des Turms nieder. Dort sitzt sie und kämmt ihr langes schwarzes Haar mit einem funkelnden, goldenen Kamm, bis am nächsten Morgen der Hahn kräht.

Der Grund für ihre Erscheinung soll sein, dass die junge Frau ohne das Wissen ihrer Familie mit dem böhmischen Ritter Wranko, einem Hussiten, romantische Bande anknüpfte. Als man solches herausfand, traf sie der Fluch ihrer streng gläubigen Eltern und die Tochter stürzte sich im Wahnsinn vom höchsten Turm herab.

~~~

Eine dritte Sage berichtet von einem Schatz, der viele Jahrhunderte im Burgkeller vergraben lag und von einem großen schwarzen Hund bewacht wurde, dessen feurige Augen einen erschauern ließen. Doch die findigen Jesuiten aus Klattau in Böhmen schafften es, den Schatz für sich zu gewinnen: Sie bannten den Teufel und zwangen ihn, die Geldtruhe auf einer Schleife bis in ihr Kloster zu ziehen.

Bäckerhandwerk hat goldenen Boden

Das Goldlaiblein

Alleine in Bayern gibt es zahlreiche Berge und markante Punkte, welche den Namen Ochsenkopf führen. Die älteste Quelle dieser Sage nennt keinen Ort zu ihrem Geschehen, deshalb könnte es sich um den gleichnamigen Ortsteil im niederbayrischen Spiegelau, aber auch um die oberfränkischen Orte Bischofsgrün, Fichtelberg oder Warmensteinach handeln.

Am Ochsenkopf hüteten einst zwei Knaben und ein Mädchen die Schafe. Die Knaben waren Kinder wohlhabender Landleute, die Eltern des Mädchens aber waren arm. Die jungen Gefährten erzählten sich allerlei Geschichten. Mit einem Mal gesellte sich ein graues Männlein zu ihnen, das aufmerksam ihren Gesprächen zuhörte. Dann sprach es:

»Ihr seid gute Kinder. Darum will ich auch nicht von euch gehen, ohne euch reich zu beschenken.«

Das graue Männchen zog drei Laiblein Brot aus seiner Tasche, reichte jedem Kind eines und war auch schon wieder verschwunden.

Die beiden Knaben lachten über das ärmliche Geschenk und hielten es für wertlos. Der eine warf sein Laiblein auf die Erde. Es hüpfte den Berg hinab, bis es sich zwischen struppigem Gebüsch verlor. Schon lachte der andere Knabe:

»Halt, mein Laiblein muss das deinige suchen!«

Auch er warf es auf die Erde und das Laiblein nahm denselben Weg wie das erste. Nun wollten die leichtsinnigen Knaben auch das Mädchen bereden, das Geschenk wegzuwerfen. Die Kleine aber hüllte es eilig in ihr Schürzchen und sagte entschlossen:

»Wie wird es meine Eltern freuen, wenn ich ihnen etwas mit nach Hause bringe!«

Als das Mädchen aber nach Hause kam und man das Brot aufschnitt, was für eine Freude, was für eine Überraschung – es war ein großer Klumpen Gold hineingebacken und Reichtum zog ein, wo sonst immer Mangel geherrscht hatte.

Die beiden Knaben hörten von dem Glück ihrer Gefährtin und gingen zurück, um die verschmähten Geschenke des grauen Männleins zu suchen. Doch sie fanden die Laiblein nicht wieder, so viel sie auch suchten.

Kontra, Re, Bock, Jungfrau

Der Bock bein Auraer Kreuz

Vor vielen Jahrhunderten war es Brauch, dass allabendlich junge Burschen und Mädchen aus Burgsinn nach Aura gingen, um sich dort zu vergnügen. Auf ihrem Weg kamen sie immer an einem Steinkreuz vorbei, das man auf der höchsten Stelle des Pfades errichtet hatte. Immer wieder hatten die alten Leute beider Dörfer die jungen Leute eindringlich ermahnt, nicht zu spät nach Hause zu gehen, denn in der Nähe des Kreuzes sei nach Mitternacht schon mehrmals ein ungewöhnlich großer Bock gesehen worden. Lachend schlugen die jungen Leute alle guten Ratschläge in den Wind und gingen – wie man es seit Jahr und Tag getan hatte – abends nach Aura.

Eines Tages hatten sie sich besonders ausgelassen vergnügt und es war sehr spät geworden, als sie sich auf den Rückweg machten. Als sie an dem Steinkreuz vorbeikamen, vernahmen sie ein kurzes Rascheln – und schon sprang ein riesiger Bock aus dem Gebüsch hervor. Er spießte eines der Mädchen auf seine Hörner und rannte so schnell davon, dass keiner ihrer Begleiter eingreifen oder es gar hätte verhindern können.

Die Bewohner beider Orte suchten mehrere Tage lang nach der Verschwundenen, doch sie wurde nie wieder gesehen. Wegen der feurigen Augen und der schwarzen Hörner, die das Ungeheuer hatte, glaubten die Leute, der Teufel sei in Gestalt dieses Bockes erschienen und habe das Mädchen geholt. Die Menschen aus der Umgebung mieden noch lange nach diesem Vorfall zu nächtlicher Stunde den Weg über das Auraer Kreuz.

Eine Sintflut im Isartal

Der Einsturz des Tölzer Schlosses

Vor vielen hundert Jahren hauste im Schloss zu Tölz ein Verwalter, der nichts von Gott und den Heiligen wissen wollte und über alles Religiöse spottete. Am Gedenktag der heiligen Margareta (13. Juli) wollten seine Dienstboten wie üblich zur Kirche gehen – es war damals noch ein Feiertag. Er aber schickte sie zur Arbeit ins Heu.

Eine fromme junge Frau mahnte ihn dringend, das Gesinde an diesem Tag um günstiges Wetter zur Heiligen beten zu lassen, doch der Verwalter blaffte sie höhnisch an:

»Was kümmere ich mich um diese Heubrunzerin!«

In derselben Nacht ging unter Donnern und Blitzen ein furchtbarer Wolkenbruch hernieder. Der Ellbach schwoll gewaltig an, riss alles mit sich fort und unterspülte den Berg. Das Schloss stürzte plötzlich ein und begrub alle seine Bewohner unter sich.

Weibliches um den Karlstein

Der Karlstein bei Reichenhall

In den Jahren 1981 und 1983 durfte ich als Bub zwei Mal nach Bayern reisen, um mich dort von den Strapazen der Schule zu erholen – oder um ein chronisches Asthma zu bekämpfen. Vergesslich man wird. Drei Dinge sind mir noch heute in bester Erinnerung:

Die bereits erwähnte Gastfreundlichkeit der Familie Winkler und der Pension Hubertus. Zusammen mit deren Sohn Martin baute ich einen wohl zwei Meter hohen Bierdeckelturm. Hm, und was nun? Sprengen, natürlich! Das sagte allerdings nicht Martin – sondern sein Vater. Schnell waren unverbrauchte Fastnachtsböller bereit, die Videokamera lief und mit einem lauten Knall zerstob die Arbeit eines vergnügten Nachmittags. Wir lachten, was die Zwerchfelle hergaben. Niemals jedoch werde ich das Gesicht von Herrn Winkler vergessen, der sich schier ausschüttete vor Freude, sich auf die Schenkel klopfte und mit den Füßen stampfte. Er freute sich wie ein Kind. Was für ein Geschenk!

Das Zweite waren die täglichen Sole-Inhalationen in Bad Reichenhall selbst. Wenigstens einmal täglich saß ich in einer Arztpraxis auf meinem zu großen Stuhl, hielt mir ein weißes Beatmungsgerät vor Nase und Mund und atmete mindestens eine halbe Stunde warme Sole ein, bis das kleine Behälterchen verbraucht war. Es wird für immer unklar bleiben, ob die Therapie bei mir für einen Erfolg verantwortlich gemacht werden kann, aber: Das Asthma ist eine Kindheitserinnerung, mehr nicht.

Der dritte Grund trug vermutlich mehr zu meiner Gesundheit bei, als jemals gemessen werden kann und ist – welch' Wunder – meine liebste Erinnerung an diese Zeit: Es ist das üppige und großzügige Dekolleté der Kellnerin. Als wissbegieriger Bub jeden Morgen in der

Pension von einer lächelnden jungen Frau im Dirndl begrüßt und freundlich bedient zu werden ist, auch nach rund vier Jahrzehnten, eine Erinnerung, die aus einem Märchen stammen könnte – noch immer taufrisch, noch immer süß, noch immer wundervoll.

Der Karlstein und der Pankratz sind zwei sehr nahe aneinander liegende Felsen. Auf dem westlichen Gipfel – Karlstein genannt – steht eine Ruine. Am Fuß des Berges liegt der Thumsee. Auf dem Karlstein sollen vor undenklichen Zeiten drei Frauen gewohnt haben, welche man vor großen Ereignissen entweder singen oder jammern hörte. In der Waldwiese halfen sie den Menschen, den Flachs auszuziehen.

~~~

Vom Karlstein bis zu dem etwa achthundert Fuß entfernten, auf einem anderen Berg liegenden Turm Amering, von welchem noch Überreste stehen, soll früher eine lederne Brücke über das Tal gespannt gewesen sein.

Die Roßbacher Menschentrappe

Der versteinerte Ritter

Ein Ritter aus dem Adelsgeschlecht von Chammerau hatte im Mittelalter sein Auge auf die schöne Tochter eines Müllers im Regental geworfen. Doch all sein törichtes Werben fand bei der sittsamen Maid kein williges Gehör.

Eines Tages, als er in gewohnter Weise von seiner Festung aus mit seiner Meute auf Raubzug ging, überraschte er die Jungfrau auf der Wiese ihres Vaters, wo sie gerade das Linnen bleichte. Schnell fasste er den Entschluss, sich mit Gewalt zu nehmen, was ihm nicht freiwillig im Guten gegeben wurde und lenkte sein Ross vom Weg ab zum Grasplatz hin.

Das Mädchen aber bemerkte gerade noch rechtzeitig des heranpirschenden Ritters böse Absicht und suchte ihr Heil in schneller Flucht. Wie ein gescheuchtes Reh lief es über die Fluren hin. Es dauerte jedoch nicht lange und das Mädchen stand am Ufer des Regen – und an jener Stelle gab es weder Brücke noch Steg, die sie in Sicherheit führen konnten.
~~~

Vor ihr der sichere Tod im Fluss, hinter ihr die Entehrung und lebenslange Schande – die Zeit zur Wahl war kurz, denn schon sprengte der Ritter mit seinem Tross hinter ihr näher heran. Das Mädchen rief:

»Gott gnade meiner Seele!«

Die Verfolger konnten nur mitansehen, wie die Jungfrau sich in die Fluten stürzte. Diese waren jedoch barmherziger als manche Menschen und trugen die beherzte junge Frau an eine Untiefe, an der sie festen Fuß fassen konnte. Doch war sie noch nicht gerettet – denn der besessene Verfolger hatte ihr auch in den Fluss nachgesetzt und schon hörte sie dicht hinter sich das Schnauben der Rosse und das Hohngelächter seiner wilden Schar. Mit einem Male aber war alles still.

Als die Jungfrau sich wieder umwandte, sah sie weder Ritter noch Knappen, wohl aber eine lange Reihe großer, unförmiger Felsblöcke, die sich vom Ufer bis über die Mitte des Flusses erstreckte. Die Hand Gottes hatte strafend den Wüstling und seine Helfershelfer erreicht. Die Steine liegen noch heute im Regen und man sieht sie, wenn man von Chammerau nach Roßbach hinuntergeht.

Der Rabenritter Kuno

Die Burgruine Rabenschaichen bei Kempten

Auf der Straße von Kempten nach Memmingen konnte man etwa eine Viertelstunde hinter Hirschdorf neben der Straße am nahen Waldsaum eine zerfallene Burgruine sehen, über die junge Birken und Tannen emporragten. Daneben lag ein Weiler, von mehreren zerstreuten Häusern gebildet, der lange den Namen von dieser Burg trug: Rabenschaichen. Hier hauste vor vielen Jahrhunderten der gewalttätige Ritter Kuno, ein Schrecken der gesamten Gegend. Zogen die Ulmer Kaufleute mit ihren Waren vorbei, so lauerte der Raubritter mit seinen wilden Gesellen im Gehölz, plünderte die Reisenden aus oder ließ sich das Weiterziehen mit blankem Gold bezahlen.

Seine Untertanen schikanierte er auf alle erdenkliche Weise. Kam ein Bettler an die Schlosspforte, so hetzte er seine zottigen Rüden auf ihn und sah mit Hohngelächter zu, wenn sie den Armen übel zurichteten.

Das von den Opfern unrecht gewonnene Gut wurde stets in schwelgerischen Gelagen verprasst. Die geraubten Weinfässer wurden – wenn sie ihres feurigen Inhalts entleert waren – unter dem Gejauchze der Zechenden in den Burggraben hinabgerollt.

Viele Jahre lang soll der Ritter sein wildes Räuberhandwerk betrieben haben, nicht nach Gott und nicht nach den Menschen gefragt haben. So kühne Abenteuer er auch unternahm, immer wieder kehrte er siegreich von seinen Beutezügen zurück, sodass es nach einer Weile ringsherum hieß, dieser Ritter Kuno habe seine Seele dem Teufel verschrieben, deshalb könne niemand etwas gegen ihn ausrichten.

Eines Tages jedoch verstarb Kuno ganz plötzlich um die Mitternachtsstunde, kurz nachdem er von einem blutigen Raubzug heimgekehrt war. Seine Spießgesellen trugen den Leichnam in das oberste Gemach, von dessen Balkon aus Ritter Kuno zu Lebzeiten stets nach vorüberziehenden Kaufleuten auszuspähen gepflegt hatte.

Während die Gesellen sich dann im Erdgeschoss über der Teilung der angehäuften Schätze stritten und anbrüllten, erscholl plötzlich um die Zinnen der Burg das kreischende Gekrächze einer Schar Raben. Schon stürzten diese durch die geöffneten Fenster in das Totengemach hinein und zerfetzten unter gräßlichem Geschrei das Gesicht des Verstorbenen mit wütenden Schnabelhieben. Die Totenwächter vermochten die schwarzen Gesellen erst zu verscheuchen, nachdem das Gesicht des aufgebahrten Ritters vollkommen zerfleischt war.

Die bis dahin ungestört in der Burg zechende Versammlung von Räubern ergriff das kalte Grausen. Sie ahnten offenbar Gottes Strafgericht und verteilten die geraubten Güter teils unter die Armen, teils an Kirchen. Die Burg aber setzten sie in Flammen, die das einstige Räubernest bis auf die Grundmauern verzehrten. Nur ein paar verstreute Trümmer und der seltsame Name der Burg – Rabenschaichen – erinnern an den einstigen Glanz dieser Stätte.

Der Gailing geht so lange durch die Lande, bis er bricht

Eppela Gaila

Im vorletzten Jahrhundert und vielleicht auch noch im vergangenen sollen die Nürnberger Gassenbuben diesen alten Reim gesungen haben:

»Eppela Gaila von Dramaus
Reit' allzeit zum vierzehnt aus.«

Eine andere Variante soll gelautet haben:

»Da reit' der Nürnberger Feind aus
Eppela Gaila von Dramaus.«

Nun, was hatte es damit auf sich? Vor langer Zeit wohnte im Bayreuther Land bei Drameysel, einem kleinen, mittlerweile nach Muggendorf eingemeindeten Dörfchen, ein Mann namens Eppelin von Gailing. Er war ein kühner Ritter, doch er vertrieb sich die Zeit mit Rauben und Verbrechen. Ganz besonders hatte er es auf die Nürnberger abgesehen und schadete ihnen, wo er nur konnte.

Eppelin von Gailing verstand sich auf das Zaubern und deshalb konnte er mit seinem Pferd nicht nur reiten und traben, sondern setzte damit außerdem in hohen Sprüngen über Felsen und Schluchten. Er jagte damit über die Wiesent, ohne das Wasser zu berühren, und sprang über Heuwagen auf der Wiese, ohne dass seines Rosses Huf ein Hälmchen verletzte.

Gailenreuth war sein Hauptsitz, doch in der gesamten Gegend rings herum besaß er noch weitere Burgen und im Nu flog er wie der Wind von einer zur anderen. Von einer Bergseite war er wie der Wind an der gegenüberliegenden. In Nürnberg hielten ihn weder Burgmauern noch der breite Stadtgraben auf. Es wurde außerdem von vielen weiteren Abenteuern berichtet, die auf sein Konto gingen.

Eines Tages aber bekamen ihn die Nürnberger zu fassen. In Neumarkt wurde er mit seinen Helfershelfern an den Galgen gebracht und gehenkt. In der Nürnberger Burg standen noch lange seine Waffen zur Schau und an der Stadtmauer soll heute noch die Spur vom Huf seines Pferdes zu sehen sein, die sich beim Überspringen dort eingedrückt hatte.

Krone und Herz und Seele aus Stein

König Watzmann

Vor vielen tausend Zeiten herrschte im Berchtesgadener Land ein mächtiger König namens Watzmann. Der finstere Tyrann soll weder Menschen noch Tiere gemocht haben und seinem grausamen Herzen war es deshalb eine Lust, die Menschen zu quälen und die Tiere zu martern.

Darum war die wilde Jagd sein höchstes Vergnügen. Bei diesem Tun umgab ihn das Rüdengebell und der Hörnerschall, dass die Wälder davon widerhallten. Doch nicht allein er, auch seine Frau und seine Kinder hatten große Lust an der wilden Hetzjagd, wenn die vor lauter Antreiben dampfenden Rosse unter ihnen zusammenbrachen und das totgehetzte Wild von den Hunden zerfleischt wurde.

So ging es Tag und Nacht, ohne Rast und Ruh, über Stock und Stein, bergauf und bergab, und keine Schonung gab es für die Felder und die Saat des Bauern. Viele Jahre frönten der König und die Seinen dieser teuflischen Lust, doch eines Tages ereilte das himmlische Strafgericht die gottlosen Frevler.

»Halloh, hinaus zur wilden Jagd!«

Wieder ertönte der bekannte Ruf durch den Schlosshof. Die Hörner schallten, die Rüden bellten und bald ging es mit Frau und Kind dahin in wildem Zug.

Im Dämmerlicht gewahrte der König plötzlich eine ältere Frau, die ihre Enkelin auf dem Schoß sitzen hatte, und lenkte sein Pferd so dicht an ihrer Hütte vorbei, dass Reiter und Ross die Greisin traten.

Als der Bauer und seine Frau wehklagend aus der Hütte liefen, um die schwer verletzte Mutter ins Haus und in Sicherheit zu bringen, da hetzte König Watzmann seine

schnaubenden Rüden auf die Ärmsten, sodass alle drei unter den reißenden Zähnen der Bestien ihr Leben lassen mussten. Lachend sah der König dem Treiben zu und mit ihm lächelten grausam die Gattin und die Kinder, wie sich die Menschen sterbend in ihrem Blute wanden.

Plötzlich hob das alte Mütterchen mit allerletzter Kraft und mit brechendem Blick die zerfleischte Hand empor und stieß im Sterben einen grässlichen Fluch über den König und die Königin mit ihren sieben Kindern aus, dass sie die Strafe der göttlichen Gerechtigkeit erreiche und für immer in Felsen verwandle.

Und tatsächlich – die Erde erbebte wild, ein heftiger Sturmwind brauste, als wäre das Ende der Welt nahe, Feuer sprühte aus dem Innersten der Erde empor und verwandelte den König, seine Gattin und alle sieben Kinder in riesige Felsen. So steht König Watzmann mit Frau und Kindern zu Stein geworden in der felsigen Wildnis und blickt als ewiges Wahrzeichen herab ins Berchtesgadener Land.

Aus die Maus

Maussee

Zwischen Inning und Seefeld liegt der Wörthsee, den man auch Maussee nannte – auch wenn die damalige Herrschaft den letzteren Namen sehr ungern hörte.

So soll einst einer der Grafen von Seefeld während einer großen Hungersnot die armen Leute in einem Stadel zusammengesperrt haben, dass sie vor lauter Leid und Weh jämmerlich schrien. Dann soll er lachend gefragt haben, ob man denn die Mäuse pfeifen hören könne.

Darauf kam eine Unzahl von Mäusen zum Vorschein, die ihn von dieser Zeit an überall hin verfolgten. Zuletzt flüchtete er sich auf eine Insel im Wörthsee, doch es half nichts: Tausende und Abertausende Mäuse folgten ihm auf die Insel. Obwohl er sein Bett in eisernen Ketten aufhängen ließ, fraßen die Mäuse ihn auf.

Freude, Witz und Igelsitz

Burg Leuchtenberg in der bayerischen Oberpfalz

König Heinrich der Vogler befand sich einst mit seiner Tochter Jutta und einigen seiner Hofjäger auf der Hirschjagd in den herrlichen Wäldern Bayerns. Die Prinzessin sprengte auf ihrem flinken Ross einem fliehenden Reh hinterher und kam im Eifer der Verfolgung von der Jagdgesellschaft ab. Tage, Monate und Jahre vergingen, aber alles Suchen nach der Prinzessin war vergeblich.

Nach einigen Jahren zog der königliche Vater wieder einmal jagend durch den Wald, ganz in der Nähe der Stelle, an der er einst seine Tochter verloren hatte. Wieder einmal war es schnell Abend geworden, denn bei den schönen Dingen vergeht die Zeit oft wie im Flug. Mit einem Mal leuchtete ihm mitten im Wald ein Licht entgegen. Er näherte sich dem Licht und stellte fest, dass es aus einer Burg kam. Der König bat um Einlass – und welche Freude überkam ihn da: Seine Tochter Jutta war die Burgherrin und außerdem mit dem edlen Ritter Gebhard glücklich verheiratet. Zum Andenken an dieses freudige Erlebnis nannte man die Burg von nun an Leuchtenberg.

~~~

Doch nicht alle Burgfrauen auf Leuchtenberg waren so glücklich wie Prinzessin Jutta. Die Frau eines späteren Burggrafen war von einer krankhaften Neugierde geplagt. Der Burggraf drohte ihr sogar mit dem Tod, wenn er sie wieder bei einem frevelhaften Fürwitz ertappe. Eines Tages verkleidete er sich als Bote, nur um sie auf die Probe zu stellen. Der Burggraf brachte einen Brief an den Burgherrn, mit dem Vermerk, er dürfe nur vom Grafen persönlich geöffnet werden. Doch die Neugierde der Burgfrau war stärker als die Angst vor der Drohung. Noch in der Gegenwart des Boten brach sie das Siegel auf und öffnete den Brief. Sie wurde dafür zur Strafe des «Igelsitzens« verurteilt.

Nach ihrem Tod befahl der Burgherr, ein Steinbild anzufertigen, das eine auf einem Igel sitzende Frau darstellt. Unter dem Bild ließ er die Inschrift anbringen:

»Das macht mein Fürwitz, dass ich auf dem Igel sitz'.«

Dieses Bild wurde den Besuchern der Burg Leuchtenberg noch lange gezeigt.
~~~

Ein Teil der Sagen und Legenden der sieben Schwaben

Ludwig Aurbacher liefert in seinem zwischen 1827–1829 zunächst anonym veröffentlichten Werk »Ein Volksbüchlein» die nach Meinung Ihres Autors originalgetreueste Version der sieben Schwaben. Gemäß dem Vorbild des Dichterfürsten belästigt Aurbacher das Publikum nicht lange mit Kleinigkeiten wie dem Benennen seiner Quellen, sondern kleidet stattdessen die Abenteuer der Sieben in das Gewand »einer schwäbischen Odyssee zur Iliade«, mit dem Agamemnon-Allgäuer, dem Achilles-Blitzschwab, dem Thersites-Knöpfleschwab, jemandem als Penelope und so vielem mehr.

Niemand anders als das Land Baden-Württemberg dient uns als Quelle für die Herkunft unserer Helden. Beim Allgäuer ist Nomen Omen, der Blitzschwab stammt aus Ulm, der Gelbfüßler aus Bopfingen, der Knöpfleschwab aus dem Ries, der Nestelschwab aus der Freiburger Gegend (oder vielleicht woanders her, denn er wusste es offenbar selbst nicht so genau), der Seehas stammt aus Überlingen und der Spiegelschwab aus Memmingen.

Mit einer tiefen Verbeugung vor Ludwig Aurbacher folgen deshalb, hauptsächlich auf die moderne Rechtschreibung angepasst und so wenig wie möglich verändert, die Abenteuer der schwäbischen Ritter der Kokusnuss und des Kesperwassers.

Alle Menschen, die nicht mit Flädle und Spätzle großgezogen wurden, finden ab *Seite 149* *ein Wörterbuch Schwäbisch-Deutsch.*

»Wie alle Sieben für Einen, so für alle Sieben nur Einen.«

Wie die sieben Schwaben nach Augsburg kommen und sich Waffen holen

Eintausend und etliche hundert Jahre nach Christi Geburt zogen die sieben Schwaben in die weltberühmte Stadt Augsburg ein. Dort gingen sie sogleich zu dem geschicktesten Meister, um sich Waffen machen zu lassen, denn sie wollten ein Ungeheuer erlegen, welches zur selben Zeit in der Gegend des Bodensees hauste und das ganze Schwabenland in Angst und Schrecken versetzte. Der Meister führte sie in seine Waffenkammer, damit sich jeder einen Spieß oder eine andere Waffe auswählen konnte, die ihm zusagte. Der Allgäuer legte los:

»Bygost! Sind das auch Spieße? So einer wär' mir just recht – als Zahnstocher. Meister, nehmt für mich nur gleich einen Wiesbaum von sieben Mannslängen.«

»Potz Blitz«, sagte der Blitzschwab, »Allgäuer, progle dich nicht allzusehr.«

Der Allgäuer sah ihn mit grimmigen Augen an, als wollte er ihn damit durchbohren. Doch der Blitzschwab streichelte ihm den Kauzen und meinte versöhnlich:

»Eigentlich hast du recht, Männle: Wie alle Sieben für Einen, so für alle Sieben nur Einen.«

Der Allgäuer verstand ihn nicht, gab aber seine Zustimmung und den anderen war es auch recht. Also wurde denn ein Spieß von sieben Mannslängen bestellt und in einer Stunde war er fertig.

Ehe sie jedoch die Werkstatt verließen, kaufte sich jeder noch etwas Apartes: der Knöpfleschwab einen Bratspieß, der Allgäuer einen Sturmhut mit einer Feder darauf und der Gelbfüßler Sporen für seine Stiefel – denn die seien nicht nur gut zum Reiten, sondern auch zum Hintenausschlagen. Der Seehas (auch: Seehaas) aber wählte einen Harnisch, mit der Begründung, Vorsicht sei zu allen Dingen nütze, des Guten könne man nicht zu viel tun und nütze es nichts, so schade es auch nichts. Der Spiegelschwab gab ihm Recht und meinte, auch er wolle einen tragen, allerdings nicht vorne auf der Brust, sondern hinten auf dem Hintern. Der Seehas meinte, der Spiegelschwab wolle ihn foppen, jener aber erwiderte:

»Merke: Hab' ich Mut und geh' ich vorwärts, so brauch' ich keinen Harnisch. Geht's aber rückwärts und fällt mir der Mut woandershin, ist der Harnisch am rechten Platz.«

Der Spiegelschwab ließ sich den Harnisch zurechtmachen – aus einem alten Balbiererbecken, das der Meister in seiner Rumpelkammer gefunden hatte. Nachdem die sieben Schwaben alles auf Heller und Pfennig bezahlt und noch beim Metzger am Gögginger Tor gute Augsburger Würste eingekauft hatten, zogen sie aus der Stadt hinaus.

»Ein braver Mann geht geradeaus.«

Wie die sieben Schwaben weiterziehen und welchen Weg sie einschlagen

Der Allgäuer ging an der Spitze, stimmte sein Posthörnle an und blies ein Trompetenstück. Hinter ihm kam der Seehas und dann der Nestelschwab, der dessen Bünkel auf dem Buckel trug und darauf folgte der Blitzschwab, der »Es geht ein Butzemann im Reich herum, Didum, Bidi, Bum» sang. Dann kam der Spiegelschwab und hinten grattelte und pfnauste der Knöpfleschwab mit seinen Häfen und Pfannen. Mann für Mann trugen sie zusammen ihren Spieß und sahen aus wie eine Reihe aufgespießter Lerchen.

Sie waren schon eine ziemliche Weile gegangen, aber jetzt erst fiel es ihnen ein: Welchen Weg sollten sie einschlagen, um zum Bodensee zu gelangen, wo das Ungeheuer hauste? Der Allgäuer meinte, sie sollten der Wertach nachgehen, dann kämen sie ans Gebirge und dann könnten sie den Bodensee nicht mehr verfehlen. Der Gelbfüßler aber meinte, über das Gebirge sei ein Umweg, sie sollten ihm folgen bis an den Neckar; der Neckar fließe in den Rhein und der Rhein in den Bodensee. Der Blitzschwab wollte von alldem nichts wissen:

»Potz Blitz! Ein braver Mann geht geradeaus.«

Die anderen lobten ihn und beschlossen, geradeaus zu gehen, zwischen Göggingen und Pfersen durch und weiter. Dann wateten sie durch die Wertach, weil die Brücke abseits lag, und gingen weiter über Stock und Stein, über Wiesen und Felder, durch Wüsten und Wälder, bergauf und bergab – bis sie an Ort und Stelle kamen.

»Den Esel kennt man an den Ohren.«

Wie die sieben Schwaben sich von einer Zauberin wahrsagen lassen

Die sieben Schwaben hatten auf dem Weg noch viele Abenteuer zu bestehen, woran sicher die alte Zauberin schuld war. Die saß nämlich außerhalb von Kriegshaber an einer Staude am Weg und kochte ein wunderliches Zeug durcheinander. Der Knöpfleschwab guckte in den Kessel hinein:

»Knöpfle sind's nicht.«

Der Blitzschwab meinte, er sehe auf der schwarzbraunen Brühe statt Pfeffer und Schmalz Mausdreck und Krötenaugen schwimmen, sodass es ihm fast den Magen umkehrte. Der Spiegelschwab aber ging auf die Zauberin zu und befahl, sie müsse ihm wahrsagen. Sie besah seine Hand und sagte:

»Wer Weiberjoch auf sich muss tragen
Hat wohl von großer Not zu sagen.«

»Die Alte spricht die Wahrheit«, sagte der Spiegelschwab und schob den Gelbfüßler hin. Dem lugte sie auch in die Hand und sagte:

»Einem, der ist übermannt
Dem ist Fliehen keine Schand'.«

Der Gelbfüßler dachte, sie stichele ihn wegen seiner Stiefel und sie wisse, dass er laufen könne. Die beiden schienen mit der Wahrsagerin zufrieden zu sein und so folgten auch die anderen. Zum Seehas sagte sie:

»Ein Ding man leget manchem vor
Wenn man es tät', der wär' ein Tor.«

Zum Knöpfleschwaben sagte sie:

»Was man erspart an seinem Mund
Das frißt die Katze oder Hund.«

Zum Nestelschwaben sagte sie:

»Den Esel kennt man an den Ohren
An der Red', Weise und Toren.«

Zum Allgäuer sagte sie:

»Der Wagen wird nicht wohl geführt
Wenn Ochsen ungleich angeschirrt.«

»Bygost!«, rief der Allgäuer, »das hab' ich selber schon oft gemerkt, wenn ich Mist gefahren hab'. Die Alte sieht einem glatt durch das Herz.«

Der Blitzschwab aber wollte mit einer Heidin nichts zu schaffen haben. Er stieß ihr den Kessel ins Feuer, sodass dieses prasselnd auseinanderfuhr und verlosch. Die Zauberin aber rief ihm voller Zorn mit kreischender Stimme nach:

»Jungfrau Lieb' ist fahrend Hab'
Heut Herzliebster, morgen Schabab.«

»Hott bedeutet wahr, hüst bedeutet nicht wahr.«

In diesen und den anderen Kapiteln wird erzählt, was sich vorderhand mit den sieben Schwaben zugetragen hat

Es ist nun an der Zeit, dass der lesende Mensch mit den Helden dieser Geschichte näher bekanntgemacht wird. Alles von Wichtigkeit soll aufrichtig erzählt werden. Der Seehas hat seinen Schimpfnamen seit der Zeit, als die sieben Schwaben ihre Abenteuer zu bestehen hatten.

Der Seehas stammt aus Überlingen am Bodensee, wo er zuerst als Eschhay, dann als Bannwart gearbeitet hat. Eines Tages traf er unweit von Freiburg im Breisgau den Nestelschwaben, und zwar hinter einem Zaun, wo der eine etwas zu tun hatte, was der andere soeben getan hatte. Sie machten gleich Bekanntschaft, wie es ehrliche Schwaben zu tun pflegen. Der Seehas fragte den Nestelschwaben, was für ein Landsmann er sei.

Der antwortete, er sei kein Landsmann, sondern nur ein Menbub bei jenem Bauern, der dort den Acker pflüge. Der Seehas merkte sogleich, mit wem er es hier zu tun hatte – und so ein Dummrian war ihm gerade recht. Er machte ihm daher den Vorschlag, er solle mit ihm kommen, als sein Knecht, der ihm den Bünkel trage. Wenn der Seehas etwas erzähle, solle er nichts weiter sagen, als dass es wahr sei. Der Nestelschwabe aber meinte, er wisse aber nicht, was wahr oder nicht wahr sei. Darauf antwortete der Seehas:

»Merk' dir, Bauernlümmel: Hott bedeutet wahr, hüst nicht wahr.«

Das verstehe er, meinte der Nestelschwabe. Er wolle gerne mit dem Seehas ziehen und ihm für einen Batzen Wochenlohn seinen Bünkel tragen, durch die ganze Welt und weiter. Niemand weiß bis zum heutigen Tage, was für ein Landsmann der Nestelschwabe gewesen ist – ob ein Schwabe oder Schweizer, ob ein Pfälzer oder sonstwoher aus deutschen Landen. Er sprach in allen Landessprachen, doch keine vernünftig. Man nannte ihn den Nestelschwaben, weil er statt Knöpfen Nesteln an Janker und Hosen hatte. Da jedoch die meiste Zeit die eine oder andere Nestel zerrissen war, besonders an den Hosen, musste er immer mit einer Hand nachhelfen. Das war ihm so sehr zur Gewohnheit geworden, dass er es auch dann tat, wenn er es nicht hätte tun müssen. Die beiden zogen weiter und kamen zum Gelbfüßler, der in Bopfingen ansässig war.

Wer den Schaden hat, braucht für den Spott nicht zu sorgen

Vom Gelbfüßler – und was sich weiter begeben

Bereits im Jahre 1575 hatte Johann Baptist Fischart in seinem Werk »Affentheurlich Naupengeheurliche Geschichtklitterung« beschrieben, dass alle Schwaben »gelb Füß« hätten. Es gibt viele Erklärungsansätze für die Entstehung – einer kleinlicher als der andere.

Versuchen wir, Gelbfüßler nicht als Schimpfwort, sondern als Necknamen zu verstehen, auch wenn die Bopfinger und andere Badener von Zeit zu Zeit ob ihrer Unbedachtheit immer wieder mit diesem Ausruf belegt werden – sehr laut belegt werden, vielfach hintereinander, im Tandem mit anderen, weniger druckreifen Worten.

Es ist eine Erinnerung daran, dass nicht jede Nachbarschaft einfach ist und dass es Dinge gibt, die unsere Geduld auf die Probe stellen. Es ist jedoch auch ein Zeichen dafür, dass Nachbarn sich vergeben und am nächsten Tag friedlich miteinander leben können.

In Schwaben wird erzählt, dass die Bopfinger eines Tages ihrem Herzog die jährliche Abgabe von Naturalien überbringen wollten – wie üblich in reinem Hennengold. Weil man dem Landesherrn eine Freude machen wollte, hatte man die Eier in einen Krättenwagen getan und – damit recht viele hinein passten – diese mit den Füßen eingetreten, was denn ihrer Ehrlichkeit keine Schande machte. Daher hatten alle, die aus jener Gegend stammten, in böser Leute Mund den Namen Gelbfüßler erhalten.

Zu einem von diesen, der ein Bopfinger Bote war, kam nun der Seehas und erzählte ihm, dass in dem großen Wald am Bodensee ein fürchterliches Tier hause, welches Land und Leuten großen Schaden tue. Beschreiben könne er es ihm nicht, aber es sei so groß wie eine wilde Katze, doch weit scheußlicher und grauenhafter anzusehen. Es habe Augen, so groß wie Goldgulden, die wie höllisches Feuer funkelten. Der Seehas stieß den Nestelschwab an.

»Nicht wahr, Landsmann?«

»Hüst«, sagte der.

»Hott«, gab der Seehas zurück.

»'S ist wahrlich wahr«, antwortete der Nestelschwab.

Der Seehas fuhr fort und beschwor den Landsmann, um des gemeinsamen Besten willen, er möge ihm mit Rat und Tat zur Seite stehen und in allen schwäbischen Gauen getreuliche Mitstreiter finden helfen. Der Gelbfüßler meinte, er könne zwar nicht fechten, aber wenn es auch mit Laufen getan sei, so würde er den Teufel auf freiem Felde fangen. Der Seehas sagte, so einen Mann könne er brauchen. Der Gelbfüßler schlug ein und sagte, er müsse nur noch seine Stiefel anziehen und sein Ränzle packen. Als dies geschehen war, zogen sie weiter.

Anfangs waren sie sich uneinig, welchen Weg sie gehen sollten, ob eher in Richtung Nördlinger Ries oder eher zur Donau. Der Gelbfüßler meinte, er habe gehört, dass im Ries wohl viele Gänse seien, aber er wisse nicht, ob es auch Menschen dort gebe. Der Seehas aber meinte, das Sehen koste nichts:

»Und erfahren wir's nicht neu, so erfahren wir's doch alt.«

Und damit gingen sie in Richtung Ries.

Zwei Mägen, aber kein Herz

Vom Knöpfleschwaben – und was sich weiter zugetragen

Im gesegneten Schwabenland, insbesondere im Nördlinger Ries, besteht die löbliche Gewohnheit, dass es täglich fünf Mahlzeiten gibt: Fünf Mal Suppe, mit zwei Mal Knöpfle oder Spätzle dazu. Daher werden die Leute in der Umgegend auch Suppen- oder Knöpfleschwaben genannt – und man sagt, sie hätten zwei Mägen, aber kein Herz.

Der Seehas brachte dem Knöpfleschwab sein Gesuch um Mitstreiter vor und sagte, dass in dem großen Wald am Bodensee ein Tier hause, welches Land und Leuten großen Schaden zufüge. Augen habe es im Kopf, feurige, so groß wie ein Salzbüchsle.

»Hott«, bekräftigte der Nestelschwab, doch der Gelbfüßler stieß dem Seehasen in die Rippen – er solle nicht lügen. Der aber ließ sich nicht beirren, sondern fuhr fort, das Ungeheuer wachse, je länger man es anstarre und werde so groß wie ein Pudelhund. Er bitte ihn also um der Landsmannschaft willen, er möchte ihm mit Rat und Tat beiseite stehen. Der Knöpfleschwab sagte, Fechten sei zwar seine Leidenschaft nicht, aber wenn sie einen brauchten, um ihnen Knöpfle zu kochen, so ziehe er mit in das Abenteuer.

Als sie sich handelseinig wurden, packte der Knöpfleschwab Häfen und Pfannen zusammen und schloss sich den anderen an. Sie zogen nun in Richtung Lechfeld zum Blitzschwaben, den sie in einem Meitinger Wirtshaus bei einem Mäßle weißen Gerstenbiers treffen würden.

»Was ich heut' soll verzehren, ist gestern schon getan.«

Vom Blitzschwaben – und was sich sonst ereignet

Nachdem sich die Landsleute höflich und eifrig zugetrunken hatten, begann der Seehas zu erzählen. In dem großen Wald am Bodensee hause ein fürchterliches Tier, welches bei Land wie Leuten großen Schaden anrichte. Es sei groß wie ein Mastochse, habe Augen im Kopf wie die Mondscheibe und wachse, je länger man es ansehe.

»Potz Blitz«, sagte der Blitzschwab, »das möchte ich mal sehen. Ich ließe es mir einen Dreibätzner kosten.«

Der Seehas sagte, er könne es umsonst sehen, wenn er nur mitkomme und ihm wie den Gesellen mit Rat und Tat beim Abenteuer zur Seite stehe. Darauf meinte der Blitzschwab, Fechten sei zwar sein Handwerk nicht, aber schimpfen könne er wie ein Rohrspatz und fluchen wie ein Weltmeister. Der Seehas meinte, man wisse zwar nicht, wozu diese Dinge gut sein könnten, aber er solle nur mitkommen.

Der Blitzschwab schlug ein, nachdem er noch ein Känntle Branntwein getrunken hatte, der die Magenwinde verteilen solle, die das vermaledeite Bier mache. Dabei sang er ein Liedchen, denn er war ein lustiger Vogel, was man ihm sogleich anmerkte:

»Wo soll ich mich hinkehren
Ich dummes Brüderlein
Wie soll ich mich ernähren
Mein Gut ist viel zu klein

Wie wir ein Wesen ha'n
So muss ich bald daran
Was ich heut' soll verzehren
Ist gestern schon getan.«

Damit zogen die Gesellen weiter und kamen zum Spiegelschwaben, der in Memmingen zu Hause war.

»Gott verlässt keinen ehrlichen Schwaben nicht.«
Vom Spiegelschwaben und dem Allgäuer – und was ferner geschehen

Zu dieser Zeit waren Fazinetle noch nicht im Gebrauch und daher schlenzten einige das Ding gleich von sich weg, was die vornehmen Leute in die Tasche zu stecken pflegten. Andere schmierten es unter die Üchse oder zwischen die Grattel, wo es sich von selbst abwetzte. Wieder andere dagegen, so auch der Spiegelschwab, wischten es an den Vorderärmel, wo es sich zum Spiegel ansetzte und beim Sonnenschein glänzte.

Zusammen mit seinen Kumpanen traf der Seehas den Spiegelschwaben und stellte ihm das Anliegen vor: Am Bodensee hause ein Ungeheuer, so groß wie ein Trampeltier, mit Augen so groß wie Mühlsteine. Der Seehas bitte daher, er möge um des gemeinen Besten willen mit Rat und Tat zur Seite stehen. Der Spiegelschwab meinte, Rat könne er geben, aber mit der Tat sehe es schlecht aus. Er könne nicht einmal Herr über seine Frau werden – denn die habe sieben Häute, wie eine Memminger Zwiebel. (Die Zauberin würde also Recht behalten.) Der Spiegelschwab kenne jedoch einen, der es sogar mit dem Teufel selbst aufnehme: den Allgäuer.

Diesen suchten die Gesellen sogleich auf. Der Allgäuer war sofort einverstanden und bereit, obwohl der Seehas ihm das Ungeheuer noch viel schrecklicher darstellte: Es sei so groß wie ein Haus und habe Augen im Kopf wie Mühlräder, die bei jeder Umdrehung Feuer auswürfen.

»Bygost«, sagte der Allgäuer, »es wird halt wohl nur ein Vieh sein und der Mensch ist mit Gottes Hilfe stärker als alles Getier auf Erden.«

»Ja«, sagte der Seehas, »und es geht ein Sprichwort: Gott verlässt keinen ehrlichen Schwaben nicht.«

Durch diese Reden erhielten die übrigen noch einmal doppelt so viel Mut und sie gaben sich alle getreulich die Hand, dass sie einander beistehen wollten als Freunde und Landsleute, in allen Gefahren und Nöten des Leibes und der Seele. Und so beschlossen die sieben Schwaben, wie schon oben erzählt worden, zuerst nach Augsburg zu gehen. Dort wollten sie, wie es sich für tapfere Christenmenschen geziemt, sich vor allem mit Waffen und Ausrüstung versorgen.

Am Tod gestorben

Wie die sieben Schwaben auf einen Bären stoßen und was sie dazu sagen

Nach dieser eingeschobenen Vorgeschichte gilt es nun, die sieben Schwaben auf ihrem Weg einzuholen – schnell, schnell – und da sind sie ja auch schon, vier bis fünf Stunden von Augsburg entfernt, in einem Hohlweg, den sie eben durchschritten haben. Doch siehe da: Ein großmächtiger Bär lag da am Weg, aber der Allgäuer bemerkte ihn nicht eher, bis er fast mit der Nase auf ihn fiel und schrie, was er konnte:

»Ein Bär! Ein Bär!«

Damit stieß er den Spieß aus Leibeskräften gegen das Tier. Doch das rührte sich nicht mehr – denn es war mausetot. Darüber erfreut, schaute der Allgäuer sich um und sah seine Gesellen alle auf dem Boden liegen. Weil er meinte, sie seien auch tot und er habe sie hinterrücks mit dem Spieß erstochen, fing er laut an zu lamentieren. Die anderen aber waren lediglich zu Boden gefallen. Als sie hörten, dass der Bär tot sei, standen sie frisch und gesund wieder auf und stellten sich um den Bären herum. Der eine rupfte ihn am Pelz, der andere steckte gar seine Hand in den Rachen und kein einziger fürchtete sich mehr vor ihm. Als sie den Bären näher untersuchten, fanden sie kein Loch an ihm als das, was er schon zu Lebzeiten gehabt hatte und bemerkten, dass er nicht erstochen worden, sondern einfach gestorben war. Der Spiegelschwab warf die Frage auf, was wohl die Ursache gewesen sein mochte und der Knöpfleschwab sagte:

»Hunger. Was denn sonst?«

»Nein«, sagte der Gelbfüßler, »die Kälte war's.«

Und so hatte jeder seine eigene Meinung, wie die Schildbürger ob des toten Wolfs. Erraten aber hatte es nur der Spiegelschwab, der pfiffigste unter ihnen. Er sagte, der Bär sei nicht an Krankheit, sondern am Tod gestorben. Danach berieten sie, was sie mit dem Untier anfangen wollten. Nach langem Hin-und-her-Reden beschlossen sie, ihm die Haut abzuziehen und diese sollte demjenigen gehören, der sich bei ihrem Abenteuer am männlichsten halten werde. Das Aas ließen sie liegen und einer der Sieben hielt die kurze Grabrede: »So mögen ihn die Schafe fressen, wie er zuvor die Schafe gefressen hat.«

»Hy, Ochs'!«

Wie die sieben Schwaben in den Stauden stecken bleiben

Es ist uns Menschen des 21. Jahrhunderts nicht immer bewusst, dass es eine Zeit ohne PKW und Autobahnen gab. Wenn man heute von Augsburg zum Bodensee nach Überlingen möchte, sind es mit dem Zug zweieinviertel und mit dem Auto zweieinhalb Stunden. Die Superreichen brauchen mit dem Hubschrauber nur eine Stunde. Ein trainierter Radfahrer schafft die Strecke in sieben Stunden und auch Ihr Autor könnte, motiviert von einem Lauf, es mit seinem Drahtesel an einem Tag schaffen.

Doch zur Zeit der sieben Schwaben waren selbst Einspänner ein Luxus, ebenso wie befestigte Straßen zwischen Hintertupfingen und Buxtehude. Hackenporsche war das gebräuchlichste Verkehrsmittel und bezahlt wurde in Fersengeld. Nicht einmal festes Schuhwerk war eine Selbstverständlichkeit, vor allem nicht für den Gelbfüßler. Die nachfolgenden Stauden sind übrigens entweder ausdauernde, krautige, nicht vergehende Pflanzen oder der südliche Teil des Naturparks Augsburg – Westliche Wälder. Vielleicht auch beides.

Als die sieben Schwaben tiefer in die Stauden gelangten, blieben sie darin stecken. Der Wald wurde immer dichter und dichter. Als der Allgäuer nun vor einem Baum stand, sagte er:

»Bygost! Durch muss ich.«

Der Allgäuer drückte, schob und beugte den Spieß so gewaltig seitwärts, dass der Knöpfleschwab zwischen Baum und Spieß eingeklemmt wurde. Keiner konnte mehr vorwärts noch rückwärts. Wieder wurde wahr, was die Zauberin prophezeit hatte:

»Der Wagen wird nicht wohl geführt, wenn ungleich Ochsen angeschirrt.«

Die Gesellen wollten zwar ihren Kumpan wieder befreien, da sie aber wie wild an ihm rissen, der eine nach oben, der andere nach unten, nach links und rechts zu gleicher Zeit, so ging es eben nicht vorwärts und sie hätten ihn fast gevierteilt. Endlich besann sich der Allgäuer und rief:

»Bygost! Ich müsste des Teufels sein, wenn Gott mir nicht helfe!«

Und er sagte:

»Hy, Ochs'!«

Dann packte der Allgäuer den Baum, der den armen Knöpfleschwaben einzwängte, und riss ihn mit einem Mal aus der Erde. Der Knöpfleschwab sank halb entseelt zu Boden, als sei er dort wie ein Pflock eingeschlagen. Danach bekamen die Gesellen erst recht Respekt vor dem Allgäuer, den sie zwar für kräftig, aber eher ungeschickt gehalten hatten.

Aurbacher schließt mit folgendem Satz: »Und der günstige Leser, welcher das Stücklein nicht glauben will, kann selbst nachsehen auf dem Platz, wo der Baum noch liegt bis auf den heutigen Tag.«

Menschliche Balz: Eindeutig zweideutig

Wie die sieben Schwaben einem Mägdlein begegnen und wie der Blitzschwab von ihr auf die Kirbe geladen wird

In der Gegend von Schwabeck erblickten die sieben Schwaben auf dem Feld eine schöne Bauerntochter. Sie war ihnen allen sofort ins Auge gefallen, dem Blitzschwaben aber am meisten. Das Töchterle sagte züchtig und andächtig:

»Gelobt sei Jesus Christus.«
Die sieben antworteten allesamt:

»In Ewigkeit, Amen.«

»Potz Blitz«, sagte der Blitzschwab, »das Mädle muss ich anreden.«
Er ging auf sie zu und fragte, wie sie heiße.

»Käther. Ich komme aus der Grafschaft Schwabeck.«

Dabei sah sie ihm freundlich ins Gesicht, denn der Blitzschwab war kein unübler Kerl. Der fragte, ob sie ihn nicht heuren möchte. Das Mädle lachte und entgegnete:

»Wenn einmal die Mannsleute so fäsig sind wie Pfeffernüsse.«
Der Blitzschwab sagte, sie solle ihm doch gleich ein Schmätzle geben, anstelle des Drangelds. Die Jungfer aber erwiderte, eine Ohrfeige könne er haben, aber keinen Kuss. Der Blitzschwab merkte, dass das nicht ihr Ernst war und er nahm sie bei der Hand, was jene zuließ. Er fragte, ob er denn gar keine Hoffnung habe, wenn er wiederkäme, und dabei schmeichelte er ihr, streichelte sie, nannte sie Schatzhauser, Herzkäferle und Skapulierläusle und schwätzte allerhand närrisches Zeug, wie verliebte Leute es zu tun pflegen. Das Mädchen aber hatte bald genug und sie sagte, er soll ihr auf die Kirbe kommen. Der Blitzschwab ging fort, sah sich aber noch einmal um und sagte:

»Nichts für ungut.«

Und so wurde der Blitzschwab brav nach Hause geschickt. Es war zwar grob, was sie gesagt, aber notwendig und deshalb gut. Die Gesellen stimmten darin überein, dass sie eine wunderschöne Tochter sei, wie es die schwäbischen Mädchen alle sind, ausgenommen die wüsten. Der Allgäuer meinte:

»Bygost! Wenn die Föhl aus dem Allgäu wäre, ich wüßt' nicht, was ich tät'.«

Doch dem Blitzschwaben ging seit dieser Zeit die Käther aus der Grafschaft Schwabeck nicht mehr aus dem Kopf. Er nahm sich fest vor, ihr auf die Kirbe zu kommen.

»Wart e bissele, beit e bissele, sitz e bissele niederUnd wenn du e bissele g'sessen bist, so komm und sag's dann wieder.«

Sieben auf einen Streich

Wie die sieben Schwaben einem Bayern begegnen und wie sie ihn heimschicken

Böse Zungen behaupten, das Mindelheimer Wappen (eine Glocke über Wellen) symbolisiere die Bereitschaft ihrer Einwohner, im Anblick der geringsten Gefahr ihre Wertsachen im Wasser zu versenken – ganz wie Goscinnys und Uderzos Piraten, wenn sie zwei bestimmte Gallier erblickten. Immerhin schien man in Mindelheim nicht den Bootsrand zu kerben.

Die sieben Schwaben näherten sich Mindelheim, ließen es jedoch abseits liegen. Vielleicht wollten unsere Helden die Mindelheimer vor sich selbst schützen, dass sie nicht Furcht vor ihnen bekämen, denn es soll vor langer Zeit ein einziger feindlicher Reiter ihre Stadt eingenommen haben.

In der Nähe von Aurbach (vermutlich: Auerbach, Ortsteil von Horgau) begegnete den Sieben ein Bayer. Sie sahen ihm sogleich an seinen Häß (auch: Häs) an, was für ein Landsmann er sei. Er war ein Bräu aus München, hatte Säu ins Reich getrieben und dafür in Memmingen Hopfen eingehandelt. Der Bayer blieb am Weg stehen, ließ die Spießmänner an sich vorbeigehen und hatte Lust, sie auszulachen. Der Blitzschwab fragte ihn, was er so luge, ob er denn noch nie einen Schwaben gesehen habe.

»O ja«, sagte der Bayer, »bei mir daheim in der Kuchel gibt's Tausende.«

»Potz Blitz, Malefiz!«

Der Blitzschwab schnaubte sein Mantra und ging auf den Bayern zu. Der aber war ein Fetzenkerl und der Blitzschwab reichte ihm gerade bis zum Nabel. Doch ehe der Bayer sich versehen hatte, sprang der Schwab an ihm in die Höhe und gab ihm eine solch knallende Ohrfeige, dass ihm das Feuer aus den Augen schoss und die Ohren vom Schlag sausten. Der Bayer aber war nicht faul, holte weit mit dem Arm aus, um dem Schwäblein auch eine zu versetzen – und es wäre eine Watsche gewesen, an die der sein Lebtag gedacht hätte.

Aber weil der Blitzschwab ebenso geschwind wieder auf dem Boden war, putzte der Bayer nur die Luft sauber. Die Wucht des Schlages war so dermaßen, dass er sich drehte wie ein Kreisel, dann stolperte und umfiel. Jetzt aber ging es erst richtig los:

Der Blitzschwab packte den Bayern an der Gurgel, die anderen hielten ihn an Händen und Füßen, trommelten auf ihn los – und doch hätte der Bayer die Oberhand behalten und hätte sie beinahe alle von sich geschleudert wie die linke Hand des Teufels. Erst als auch der Allgäuer sich wie ein Maltersack auf ihn fallen ließ und drohte, er werde ihm das Licht ausblasen, war der Bayer unterlegen und man erlaubte ihm, sich zu verziehen.

Als er nach München zurückkam, ließ er die sieben Schwaben an sein Haus malen zum ewigen Gedächtnis – und noch heute sind sie dort zu sehen.

Lichtgestalt in der Seele, den Leibhaftigen auf den Lippen

Das Kapitel vom Waldbruder

Die sieben Schwaben zogen weiter in das Kreuz und in die Quere. So kamen sie dann zur Klause eines Waldbruders. Der saß vor seiner Zelle und las in einem Buch. Mit abgesetztem Käpple, wie es sich für Christenmenschen geziemte, baten sie ihn, er möge ihnen den rechten Weg weisen. Der Klausner las jedoch gerade das Traktat »Contra facetias», zu deutsch: gegen die Fachsen. Nun stand plötzlich das fleischgewordene Konterfei von Fachsenmachern vor ihm und der fromme Mann fuhr die Sieben an:

»Den Weg soll ich euch weisen, ihr Landfahrer? Die Schellen will ich euch stimmen, ihr Schalksnarren! Die Federn will ich euch beschneiden, ihr Fatzvögel! Den Grind will ich euch einäschern, ihr Fastnachtsbutzen!«

Der Seehas unterbrach die Rede und wollte erklären, dass in dem großen Wald am Bodensee ein fürchterliches Ungeheuer hause – doch dem Klausner drückten allerlei kalte Furchenphilosophen aufs Gemüt. Er ließ den Seehas nicht ausreden, sondern brüllte:

»Herrgott im Himmel! Was für Höllen-Lumpen hast du auf Erden! Da ziehen sieben Kalfakter herum im Reich, zu Schand' und Spott des Schwabenlandes und der Christenheit! Gibt's denn nichts Nützliches zu tun in der Welt für Schlingel wie euch? Gibt's keine Hafen mehr zu binden, keine Pfannen zu flicken, keine Scheren zu schleifen? Schert euch fort, ihr Scheurenburzler! In den Stock mit euch, in die Geige, an den Galgenbaum, ihr Vaganten, ihr Lyranten, ihr Komödianten!«

»Potz Blitz«, sagte der Allgäuer.

»Bygost«, der Blitzschwab, vor lauter Staunen und Starren.

Der Allgäuer aber schlug mit dem Wiesbaum nach rechts ein und zog die Sechs hinter sich her. Der Blitzschwab stimmte seine Fiedel und begann, ein Liedchen zu singen, sodass von dem unflätigen Schelten des Waldbruders nichts mehr zu vernehmen war.

Bis über die Grenze mit Sichel und Sense

Welches Lied der Blitzschwab gesungen

»Guten Morgen, Spielmann
Wo bleibst du so lang?
Da drunten, da droben
Da tanzen die Schwaben
Mit der kleinen Killekeia
Mit der großen Kumkum.

Da kommen die Weiber
Mit Sichel und Scheiben
Und wollen den Schwaben
Das Tanzen vertreiben
Mit der großen Killekeia
Mit der großen Kumkum.

Da laufen die Schwaben
Und fallen in Graben
Da sprechen die Schwaben
Liegt ein Spielmann begraben
Mit der kleinen Killekeia
Mit der großen Kumkum.

Da laufen die Schwaben
Die Weiber nachtraben
Bis über die Grenze
Mit Sichel und Sense
Guten Morgen, Spielleut'
Nun schneidet das Korn!«

Den Memminger Mond zu sehen gewohnt

Wie der Blitzschwab Händel bekommt mit dem Spiegelschwaben und wie sie wieder gut Freund geworden sind

Es war schon Nacht, als die sieben Schwaben aus dem Wald wieder ins Freie und auf die Landstraße gelangten. Soeben ging der Mond auf und der Spiegelschwab sagte:

»Jetzt haben wir gewonnen, Memmingen ist nicht mehr weit.«

Der Blitzschwab fragte ihn, wie er das wissen könne.

»Werde ja wohl doch den Memminger Mond kennen«, gab der Spiegelschwab zurück.

»Potz Blitz, wie blitzdumm«, sagte der Blitzschwab. Kaum hatte er das gesagt, kassierte er schon seine Dachtel vom Spiegelschwaben, der alles ertragen mochte, nur nicht, wenn man ihn für dumm hielt. Der Blitzschwab schrie vor lauter Wut:

»Dass dir der Blitz ins Maul platz', du Lalle, du Ginkel, du Takel, du Kog.«

So ging es die ganze Litanei durch. Der Spiegelschwab wurde ebenfalls immer wilder und so gerieten sie einander in die Haare und rauften sich wie zwei Metzgerhunde. Der Seehas bat den Allgäuer, er solle die beiden auseinanderbringen und Frieden machen. Der ließ sich nicht lange bitten, packte sogleich mit seiner Rechten den Blitzschwaben am Hosenbändel und hielt ihn in der Luft wie einen Frosch, mochte er zappeln, wie er wollte. Der Spiegelschwab ließ nicht nach, dem Blitzschwaben aufs Brät zu klopfen und so packte der Allgäuer ihn kurzerhand mit der Linken und hielt ihn am Leible, unter der Gurgel, so fest, dass der Blitzschwab wie ein Böcklein starr stand und sich nicht mucksen konnte.

»Bygost! Ich will euch Hores Mores lehren, ihr donnerschlächtigen Strolkerle!«

Der Allgäuer schüttelte den einen und drosselte den andern immer ärger und ärger, bis sie endlich einander versprachen, wieder gute Freunde sein zu wollen – und genau das sind sie auch geblieben, von diesem Tag an bis zu ihrem Tod.

»Mir dampft ja schon die Bluse.«

Wie der Blitzschwab an dem Allgäuer Rache nimmt

Der Blitzschwab konnte es jedoch nicht verwinden, dass der Allgäuer ihm so übel mitgespielt hatte und er wollte es ihm gelegentlich einschenken und dabei Gleiches mit Gleichem vergelten. Der Blitzschwab beriet sich darüber mit dem Spiegelschwaben, doch damit der Allgäuer aus dem Spaß keinen Ernst machte – denn sie wussten, im Zorn hätte er sie wie Zaunstecken mitten entzwei gebrochen – fragte der Blitzschwabe wie beiläufig:

»Allgäuer, wenn ich's mit dir aufnehme und dich auf den Boden werf' und durchprügle, was tust du mir?«

»Bygost«, sagte der Allgäuer und lachte, »wenn du mich auf den Boden bringst, so magst du mich meinetwegen totschlagen, ich seh's dir nicht nach.«

»Ein Mann, ein Wort«, sagte der Blitzschwab.

Nach einer Weile ruhten sie auf der Halde vor Memmingen aus. Der Allgäuer hatte das Ganze schon wieder vergessen, als der Blitzschwab zu ihm sagte:

»Allgäuer, du bist noch nicht mal einen Kopf größer als ich.«

»Bygost«, erwiderte der, »du reichst mir nicht mal bis unter die Grattel. Lass uns mal nachmessen. Es gilt einen Dreibätzner! Steh' auf und streck' dich grad.«

Der Allgäuer erhob sich, streckte sich und stand gerade wie eine Hopfenstange. Der Blitzschwab witschte hinter dessen Rücken, steckte den Kopf unter seine Grattel und stieß ihm beide Fäuste in die Kniekehlen. Der Allgäuer taumelte und der Blitzschwab gab ihm einen Schubs, sodass er am Boden lag wie ein Hopfensack. Der Blitzschwab fiel geschwind wie der Wind über ihn her.

»Jetzt rühr' dich nicht«, sagte er, »ein Mann, ein Wort.«

Der Allgäuer hatte Ehre im Leib und so ließ er den Blitzschwab nach Herzenslust auf ihm herumfäusteln. Nach einer Weile aber wurde es dem Allgäuer doch zu arg, denn der andere wollte partout nicht nachlassen, als bis er ihn grün und blau geschlagen habe.

»Bygost«, sagte er, »mich piekst eine Fliege.«

Damit gab er dem Blitzschwaben ein Hirnbätzle, sodass der einen unfreiwilligen Purzelbaum schlug – und damit hatte der Streit ein Ende.

Wenn man genau hinhört, kann man bei den Raufereien dieselben Geräusche vernehmen wie bei Bud Spencer und Terence Hill. Knuff! Patsch! Bumm! Zang!

Bis dass der Bär euch scheidet

Was für eine Gefahr dem Spiegelschwaben droht und wie er sich daraus errettet

»Durch Memmingen gehen wir nicht, obwohl da gute digene Würste zu haben sind«, sagte der Spiegelschwab. Als man ihn fragte, weshalb sie nicht durch die Stadt ziehen sollten, blaffte er nur zurück, er müsse es doch wohl am besten wissen.

»Sei's drum«, meinte der Nestelschwab, »wir können ja um die Mauern herum und dann zum anderen Tor hinaus.«

Die sieben Schwaben gingen also um die Mauer herum durch die Hopfengärten. Doch es zeigte sich schnell, dass der Mensch seinem Schicksal nicht entgehen kann. Ehe sich der Spiegelschwab versehen hatte, sprang aus einem Hopfengarten eine Frau auf ihn zu, eine rechte Runkunkel. Sie schrie in einem Ton, der durch Mark und Bein ging:

»Bist du endlich wiederum da, du Schlingel? Wo bist du so lange Zeit herumkalfaktert, du Galgenstrick?«

Der Spiegelschwab erkannte sogleich seine bessere Hälfte und rief:

»Helft mir, alle Heiligen, der Teufel ist los!«

Schon war er in den nächsten Hopfengarten hineingehuscht, seine Frau ihm gleich

hinterher. In der Herzensangst fiel ihm eine List ein. Er hatte nichts zu tragen, weil er nichts anderes dabei hatte als das Bärenfell. Das warf er in aller Eile über den Kopf, schlüpfte in die Bratzen und rannte nun auf allen Vieren wie ein leibhaftiger Bär.

Als seine Frau näher kam, richtete der Spiegelschwab sich auf und trappelte brummend auf sie zu. Die sah einen Bären immer größer werden, schrie laut auf und rannte Hals über Kopf davon. Der Bär aber holte sie ein, drückte und herzte sie, dass ihr fast die Sinne vergingen. Dann ließ er sie los und folgte seinen Gesellen. Seit dieser Zeit werden böse Männer von den Memminger Frauen Brummbären genannt.

An gute Kehlen zu verschenken: Märzenbier im April

Wie sie gegen Wissen und Willen in die Stadt Memmingen kommen und dort Bierbeschau halten

Die anderen sechs Schwaben waren unterdessen bereits weitergegangen und standen jetzt vor dem Leutkircher-Tor.

»Da müssen wir nun hinaus«, sagte einer.

Sie gingen also durch das Tor und gelangten in die Stadt, ohne es zu wissen und zu wollen. Wie aber kein Unglück ohne Glück ist, so hatte es sich hier auch begeben, denn das erste Haus, das ihnen auffiel, war ein Wirtshaus. Davor stand ein Maibaum und über der Tür war zu lesen: ›Hier schenkt man Märzenbier aus.‹

Als unsere Schwaben das sahen, dachten sie, das Märzenbier sei umsonst. Der Wirt sah sie mit dem großen Spieß kommen, eilte ihnen erschrocken entgegen und fragte, was ihr Anliegen sei. Man mochte ein wenig von seinem Märzenbier kosten, sagte der Allgäuer und ging mit den Gesellen in die Zechstube.

Der Wirt vermutete, sie seien von der schwäbischen Kreisregierung geschickt worden, um in Schwabenland Bier zu beschauen und zu schätzen, ob es biersteuerpflichtig sei. Also holte er das beste Märzen, das er im Keller hatte – doch es war noch nicht gut. Aber die Gesellen tranken eine Bütsche um die andere aus. Der Wirt meinte, er sehe mit Freuden, dass es ihnen wohlschmecke. Der Blitzschwab aber entgegnete, es könnte besser sein und es sei zu wenig Malz und Hopfen drin.

»Mit Verlaub«, sagte der Wirt, der auch ein Schalk war, »Hopfen und Malz ist nicht zu wenig drin, aber zuviel Wasser.«

Darüber lachte die Runde und dem Blitzschwaben fiel der Spruch ein, dass Langensalz ebensogut Memmingen heißen könne und gab den Lyranten:

»Zu Langensalz
Braut man drei Bier aus einem Malz
Das erste heißet man den KernD
as trinken die Bürgermeister gern.

Das andere heißt das Mittelbier
Das setzt man gemeinen Leuten für
Das dritte heißt Covent
Trink dich potz schlapperment.«

Danach spielte er ein paar lustige Lieder auf, dem Wirt zu Ehren. Nachdem die Gesellen sich ordentlich voll getrunken hatten, standen sie auf und zogen davon, als seien sie keine Zeche schuldig. Der Wirt ließ sie gehen. Es sei ihm eine große Ehre gewesen und sie sollten nur das Beste von seinem Bier vermelden. Das taten sie auch und konnten sich nicht genug wundern, dass man in Memmingen das Märzenbier ausschenke. Und weil, wenn zwei Verschiedenes denken, es das gleiche ist, wurde der Wirt ohne Wissen und Willen von seinen Landsleuten gefoppt. Jeder wusste aber, dass ihm der freie Trunk von anderen Landsleuten reichlich bezahlt worden war.

Für die weniger im Bierbrauen und -trinken versierten lesenden Menschen: Märzenbier wird zwar traditionell tatsächlich im März gebraut, doch muss danach noch eine Weile lagern. Ein Maibaum steht in der Regel am 30. April oder am 1. Mai, je nach Gemeinde auch ein paar Tage eher oder später. Märzenbier sollte jedoch sechs bis acht Wochen reifen und ist folglich in der Regel zu dieser Zeit noch nicht schankbereit. Der Blitzschwab hatte also richtig vermutet. Traditionell ist die Märzenbiersaison im Herbst – zum Beispiel am Oktoberfest auf dem Cannstatter Wasen oder zur Münchner Wiesn.

Es war in deutschen Landen seinerzeit Vorschrift, wie zum Beispiel bereits in der bayrischen Brauordnung aus dem Jahr 1539 festgelegt, dass vom 23.04. (Georgi) bis zum 29.09. (Michaeli) nicht gebraut werden durfte. Grund war die erhöhte Brandgefahr durch das Biersieden. Schon damals wussten die Leute: Biergenuss und Freiheit gut – Gesundheit und Schutz des Volkes besser. Es ist jedoch anzunehmen, dass die Ahnen der heutigen Impf- oder Maskenverweigerer massiv schwarz brauten. Das Märzenbier, ob aus legalem oder illegalem Braukessel entstanden, musste also länger haltbar sein. Dazu wurde es stärker gehopft und erhielt dadurch eine höhere Stammwürze sowie einen gesteigerten Alkoholgehalt. Es ist eine Bereicherung in der breiten Palette des Gerstennektars und verdient eine würdigende Verkostung – vielleicht mit einem frischen Weißbrötchen und würzigem Camembert, einem Stück Fladenbrot mit Schafskäse, oder einem Ciabatta und einer Scheibe Roquefort? Welch' wundervolle Zeit, Mensch zu sein.

›Ich geh' schwimmend durch die Straßen …‹

Wie unsere Schwaben durch das blaue Meer schwimmen, ohne zu ersaufen

Ein wackerer Schwabe kann, wenn es sein muss, jederzeit seine fünf Mäßle Bier auf einen Sitz trinken und immer noch seine Wege und Stege finden. Unsere Schwaben hatten dieses Mal entweder zu tief in den Krug geschaut, oder eine der zehn Bütschen Märzen war schlecht gewesen. Es war ihnen nicht recht just im Kopf, denn kaum waren sie aus dem Stadttor hinaus, verirrten sie sich in den Hopfengärten, verloren die Landstraße und der Spiegelschwab suchte sie auf dem Weg nach Leutkirch vergebens einzuholen. Als sie aufs freie Feld kamen, sagte der Allgäuer:

»Bygost, was soll das alles? Haben wir keinen Weg, so machen wir uns halt einen. Die Iller werden wir doch wohl noch finden und dann kann die Brücke auch nicht mehr weit sein.«

Also gingen sie weiter, querfeldein, dann über das Brachfeld, immer weiter. Der Allgäuer blies, der Blitzschwab sang Lieder wie «Es flog ein klein' Waldvögelein», der Knöpfleschwab keuchte und stolperte, fiel ein ums andere Mal und musste gleich wie-

der aufstehen. Inzwischen wurde es dunkel und sie irrten umher, obwohl der Allgäuer von fern noch den Grindten sehen konnte. Mit einem Mal standen sie an einem Abhang. Unten, so schien es ihnen, lag ein See, denn sie konnten die Wellen sehen. Es war jedoch ein Feld voll Flachs. Der stand in der Blüte, da Wind blies und es wallte und wogte – aber es war kein Wasser.

»Potz Blitz«, rief der Blitzschwab, »was ist da zu machen? Wir müssen hindurch, sonst kommen wir nicht an Ort und Stelle. Allgäuer, mach' den großen Christoph und trag' uns hinüber!«

»Bygost«, erwiderte der Allgäuer, »ins Wasser mag ich gerne gehen, aber nicht weiter als bis zum Hals.«

Der Nestelschwab lamentierte, er könne nur mit einer Hand rudern, weil er mit der anderen die Hosen halten müsse. Der Knöpfleschwab stand betrübt da und lugte ängstlich auf das Wasser hinab – ob keine Walfische darin seien. Der Blitzschwab sah die Not seines Kumpans, ging ganz stät von hinten an ihn heran und mit einem …

»Frisch gewagt ist halb geschwommen.«

… gab er ihm einen Stoß, dass der Knöpfleschwab im nächsten Moment unten war.

»Der sinkt nicht«, sagte der Gelbfüßler, »es kann nicht tief sein, da kann man's wagen.«

Sogleich hüpfte er flink und frisch hinunter wie ein Laubfrosch, der Blitzschwab hinterher, nachdem er sich vorher in die Hände gespien und einen tüchtigen Anlauf genommen hatte.

»Bygost«, sagte der Allgäuer, »der letzte will ich auch nicht sein.«

Er warf den Spieß voraus und hüpfte hinterher. Der Nestelschwab aber hatte sich an des Allgäuers Hosenbund geklammert und kam deshalb unten sanfter an als die übrigen. Dies war das einzige Mal, dass er etwas Gescheites getan hatte.

Da lagen sie nun alle, unbeweglich wie Holzblöcke. Erst nach einer guten Weile streckten sie ihre Glieder, langsam, unsicher, wie halb zerstampfte Würmer, und dann krochen sie allmählich heraus, wie Schnecken aus ihrem Häusle. Endlich standen sie wieder, wie Menschen, oder doch immerhin menschenähnlich, und keiner sagte ein Wörtle. Man griff nach den Rippen, nach den Gliedern, nach dem Kopf, ob alles noch ganz sei. Dann fischten sie den Spieß aus dem Feld und zogen querfeldein weiter.

Auch ohne Drahtesel Helden der Landstraße

Wie der Allgäuer die Landstraße findet, aber bald ersoffen wäre

Es war schon finstere Nacht und sie hatten die Landstraße noch immer nicht gefunden. Endlich rief der Allgäuer:

»Bygost, nun haben wir die Straße und sind auf dem rechten Weg.«

Sie aber standen an der Iller und der Allgäuer hatte den hellen Wasserstreifen für die Landstraße gehalten. Forsch und frisch schritt er vorwärts, die andern blindlings hinterher. Plumps, lag der Allgäuer im Wasser.

»Bygost, ich ersauf'!«

Mehr konnte er nicht sagen, denn er war schon über den Hals darin. Die anderen sprangen alle von dannen, nur der Knöpfleschwab blieb und half. Weil er nicht immer stolpern und fallen wollte, hatte er sich mit einem Bändel an den Wiesbaum angeschirrt. So konnte er nicht loskommen und blieb, dick und breit wie er war, auf der Stelle. Mochte der Allgäuer sich gemächlich wieder herausarbeiten, ohne den Knöpfleschwab wäre er sicherlich hin gewesen, mitsamt dem Spieß. Dies war das einzige Heldenstück, das der Knöpfleschwab auf der ganzen Fahrt vollbrachte – was darum um so weniger verschwiegen werden durfte, um den Schwaben aus allen Gauen Gerechtigkeit widerfahren zu lassen. Das mörderische Geschrei der Gesellen hatte auch den Spiegelschwab wieder herbeigeführt. Der hatte an der Brücke auf sie gewartet und weil er alle Wege und Stege in der Gegend kannte, führte er die Kumpane auf die Landstraße. Im nächsten Wirtshaus kehrten sie ein und hielten ihr Nachtquartier.

»Hier schwabe ich und kann nicht anders.«

Einige Stückle vom Nestelschwaben, woraus hervorzugehen scheint, dass er kein Schwabe war

Es gibt die Sage, dass einmal ein Schwabe gebeichtet habe. Nachdem einige Sünden bekannt waren, habe er plötzlich innegehalten. Der Beichtvater fragte, ob ihm noch etwas auf dem Herzen liege, und der Schwabe sagte, in der Tat, eines bedrücke

ihn noch, doch er schäme sich, es zu sagen. Der Beichtvater ermutigte ihn, er solle nur frei von der Seele sprechen. Hierauf sprach der Schwabe leise:

»Ich bekenne, dass ich … ein Schwabe bin.«

Der Beichtvater tröstete ihn und sagte:

»Nun, eine Sünde ist es nicht, aber schön ist es auch nicht.«

~~~

Wäre es nicht ein anderer Schwabe gewesen, der seinerzeit so gebeichtet hatte, wäre es sicherlich der Nestelschwab gewesen. Der war in der Tat dumm wie ein Schaf, aber auch, zu seiner Ehre, ebenso geduldig und von gutmütiger Art. Darum trieben die anderen ihre Spielchen mit ihm und in seiner grundgütigen Art ließ er es sich gefallen.

Einst sollte er mit dem Gelbfüßler wettlaufen. Das konnte er nicht und darum sagte der Nestelschwab:

»Ich glaub' nicht, dass ich dir hinterherkomme. Du hast Stiefele und mit denen langt man weiter als mit Schuhen.«

Ein anderes Mal fragte ihn der Spiegelschwab Folgendes: Wenn er den Hut verkehrt herum aufsetze, was wäre dann das Vorderteil und was das Hinterteil? Das konnte der Nestelschwab nicht herausfinden, obwohl er den Hut auf dem Kopf hin und her rückte und ihn von vorn und hinten ansah.

Einmal hatten sie den Nestelschwab gefragt, wie sein Name sei. Er antwortete:

»Meine Mutter hat gesagt, ich heiße wie mein Vater.«

Wie habe sein Vater geheißen?

»Wie ich, hat meine Mutter gesagt.«

Und wie sie miteinander geheißen hätten? Der Nestelschwab überlegte eine Weile und sagte schließlich:

»Einer wie der andere.«

Die Zauberin hatte ihn gleich erkannt, als sie sagte, dass man den Esel an den Ohren erkenne. Aber was er für ein Landsmann war, das hatte sie nicht gewusst, denn sonst hätte sie es gesagt und wir wüssten nun, was wir nicht wissen.
~~~

Richter und Henker – kein Dichter und Denker

Wie die sieben Schwaben aufgefangen und festgesetzt werden

Am nächsten Morgen zogen die sieben Schwaben mit guter Laune weiter. Sie unterhielten sich über die nächtlichen Abenteuer und lachten sich gegenseitig aus. Als sie nach Kronburg kamen, sah gerade der Kronburger Junker aus dem Fenster, erblickte die Gesellen und rief seinen Schergen zu:

»Lug' einmal, was das für Leute sind. Es mögen wohl Landfahrer sein, oder sonst so eine Bagasche.«

Der Scherge nahm sieben Bullenbeißer mit und stieg den Berg hinab. Er stellte die Schwaben, sie sollten ihm folgen ohne Umschweife. Während der Scherge so bellte, bleckten die Hunde ihre Zähne. Man musste wohl der Obrigkeit Gehorsam leisten, dachten die sieben Schwaben und folgten dem Tross auf die Burg. Der Knöpfleschwab hatte Mühe, Schritt zu halten und wurde ein paar Mal zur Pflicht gehetzt.

Als die sieben vor dem Junker erschienen, fragte der, woher, wohin, warum und wie. Der Seehas erklärte, dass in der Gegend am Bodensee ein schreckliches Tier hause. Sie hätten sich denn als brave Landsleute und biedere Männer aus allen schwäbischen Gauen zusammengetan, um das Land von diesem Ungeheuer zu befreien. Das allerdings glaubte der Junker ihnen nicht. Er blieb bei seiner Meinung, sie seien Strolche, Faulenzer, tunichtgutes Diebsgesindel – und ließ sie in die Keiche stecken. Der Blitzschwab sang, still wie ein Mäusle:

»So geht es in Schnitzlebutz Häusle.
Da singen und tanzen die Mäusle.
Und bellen die Schnecken im Häusle.«

Wo Milch und Spätzle sinnlos walten, da kann sich kein' Justiz gestalten

Wie die sieben Schwaben sich aus der Gefangenschaft befreien

Der Junker von Kronburg hatte tags zuvor, als ihn das Zipperlein plagte, den patriotischen Entschluss gefasst, zur Aufrechthaltung der Ordnung und Sicherheit im schwäbischen Kreis und zur Beförderung der Aufklärung und Sittlichkeit unter dem gemeinen Volk ein Zuchthaus zu stiften und in seinem Schloss anzulegen. Sein kluger Kopf sauste, noch voll von diesem Plan, und so wurden die sieben ehrlichen Schwaben zu gefährlichen Spitzbuben, die es sofort einzusperren galt. Der Junker war ein gar niederträchtiger, frommer und milder Herr, der in seiner unendlichen Gnade sogar seinen eigenen Bauern nicht mehr Wolle abschor, als er eben nötig hatte, um sich selbst warm zu kleiden.

Also befahl seine Hochweislichkeit, dass man den Gefangenen Nahrung reichen solle, wenn sie es nötig hätten. Der Spiegelschwab jedoch kannte den Junker und wusste, dass in dessen Küche und Keller nur Schmalhans hauste. So schmiedete er seinen Plan und teilte es seinen Kumpanen mit. Als der Scherge mittags eine große Pfanne voll Milchspätzle brachte, sagte der Blitzschwab zum Knöpfleschwaben:

»Die ist wohl für dich.«

Der Scherge meinte, das sei genug für alle. Der Knöpfleschwab aber sagte, er wolle sehen, ob es denn überhaupt für ihn lange. Er verputzte die Pfanne in einem Satz, dass kein einziges Spätzle übrig blieb. Dann kratzte der Knöpfleschwab auch die Schubet zusammen und die Pfanne sah aus, als hätte eine Katze sie sauber geleckt. Das berichtete der Scherge gleich seinem Herrn und sagte, man müsse sofort eine Brente voll Spätzle kochen – und er wolle wetten, auch das sei noch nicht genug.

Der Junker von Kronburg meinte allerdings, er sei dem schwäbischen Kreis und der Menschheit kein so großes Opfer schuldig, dass er sich aushungern lassen sollte und in seinem Schloss ein paar Strolchen teuerste Spätzle kredenzen müsse. Er befahl in seiner endlosen Gnade, die sieben sogleich in Freiheit zu setzen. Der Amtsherr aber gab ihnen noch einen Steckbrief mit, um andere Leute vor ihnen zu warnen.

Stiernacken Leutkirch – Ochsenschwanz Allgäu 0:0 n.V.

Wie die sieben Schwaben einer Herde Vieh begegnen und wie der Allgäuer ein Stiergefecht hält

In der Nähe von Leutkirch, einem Nest, halb städtisch, halb bäurisch, mussten die sieben Schwaben mitten durch eine riesige Herde. Ochsen und Öchsinnen, Kühe und Kälber, Rösser und Huischele, Schafe und Ziegen, alles war durcheinander, schier wie die schwäbischen Herrschaften.

Beim Vieh war der Allgäuer in seinem Element und er zog die Kumpanen, ob sie mochten oder nicht, mitten durch die Herde hindurch, mit hüst und hott, mit hotz und ha, die einen vor sich und die anderen hinter sich. Doch die Gesellen hatten die Rechnung ohne den Hag gemacht und der ging brummend und schwänzelnd auf die Sieben los. Die nahmen Reißaus und liefen, was sie konnten, zum nahen Zaun. Dort schwangen sie sich auf die Stauden, sodass es aussah, als nisteten sechs bunte Wiedehopfe darauf.

Nur der Allgäuer wollte das Feld nicht so leicht räumen. Wie man es als ein ganzer Kerl gewohnt war, wenn man es mit Ochsen zu tun hatte, näherten sich Mollen und Mensch einander an. Zunächst ging alles ganz sachte, wie die Ruhe vor dem Sturm. Dann plötzlich stürmte der erste vor und packte den anderen am Kragen, dann beim Schwanz, dann beim Hemd und dann beim Horn. Man zog und wurde gezogen, man stampfte und schnaubte, und bald war der Stier, bald war der Allgäuer Herr und Meister.

Dieses Spektakel dauerte eine ganze Weile. Die Wiedehopfe auf dem Zaun sahen zu, sie zwitscherten und schnatterten, sie hatten ihre Angst und ihre Gaudi an dem Mut und der Geschicklichkeit des Allgäuers. Das Gefecht näherte sich nun dem Zaun. Einer der Ochsen wähnte sich eines Vorteils, senkte den Kopf und rannte los, sodass der Allgäuer gerade noch Zeit hatte, sich zu ducken und schnell durch den Zaun zu schlüpfen, bevor er als Fleischpflanzerl auf der Gabel endete.

Der Stier aber war nun vollends in Rage, als winke der Allgäuer mit einer roten Serviette. Immer wieder rannte er gegen den Zaun an, immer heftiger, sodass ein Schwabe

nach dem anderen herunter plumpste wie ein Meisenknödel. Die Knödel schrien um Hilfe, der Allgäuer erbarmte sich ihrer, hüpfte über den Zaun und ging wieder auf den Brummer los. Er schimpfelte und meckerte mit dem Stier, bis die Kumpane sich endlich hinter den Zaun gerettet hatten. Dann zog sich auch der Allgäuer wieder geschwind zurück. Der Hag und der Mensch sahen sich noch lange durch den Zaun an, bis der Gescheitere ein Einsehen hatte und sich trollte. Dann holte der Allgäuer den Spieß und die sieben Schwaben zogen weiter. Der Seehas aber dachte bei sich:

›Wenn der es allein mit einem Ochsen aufnimmt, so kann uns gar nichts geschehen, da wir zu siebent sind.‹

»Eins, eins, eins.«

Noch ein paar Stückle vom Nestelschwaben

Bei den sieben Schwaben geschieht gerade nicht viel, da sie Mittagszeit halten. Also bleibt etwas Zeit, noch ein paar Stückle vom Nestelschwaben zu erzählen.

So kamen die sieben eines Tages an einem Weiher vorbei. Darin lagen abgestandene Fische und der Nestelschwab meinte, es sei doch schade, dass man die schönen Fische habe ersaufen lassen.

~~~

Einmal gingen die Kumpane durch ein Dorf und es schlug gerade drei. Der Nestelschwab zählte die Schläge:

»Eins, eins, eins.«

Als die Uhr ausgeschlagen hatte, fragten sie ihn, wie spät es sei. Der Nestelschwab antwortete, er wisse es nicht, denn er habe noch nicht zusammengerechnet.

~~~

Ein anderes Mal forderte der Blitzschwab den Nestelschwaben heraus, er solle mal einen recht höllischen Fluch tun. Der Nestelschwab nahm seine Kappe ab und sagte:

»Mit Verlaub, dass dich das Mäusle beiß'!«

Das war der schlimmste Fluch, den er kannte. Der Blitzschwab hätte ihn leichtens wesentlich kräftigere Stoßseufzer dieser Art lehren können, denn er konnte fluchen,

was die Sprache nur hergab. Es gäbe Beispiele genug, doch dann würde kein Verleger dieses Buch drucken wollen, denn es gilt:

Wer sich mit dem Hammer auf den Daumen donnert, wer eine Tausendprozentige an den Pfosten stolpert, wer vom Schicksal übertrumpft wird, darf einen Fluch in die Welt entlassen. Ohne Grund zu fluchen ist, wie ohne Grund zu essen.

~~~

Eines Tages gingen die sieben Schwaben an einem großen herrschaftlichen Weiher vorbei. Ein Boot war vom Wind losgerissen worden und zwei kleinere Bötchen schaukelten neben dem größeren auf dem Wasser hin und her. Der Nestelschwab meinte, die kleinen Schiffe seien Neugeborene und das große sei ihre Mutter. Er schüttelte den Kopf und sagte:

»Kurios, dass doch alles, was klein ist, gern schimpfelt und spielt.«

~~~

Diese und andere Stückle erzählte man vom Nestelschwaben. Es ist allerdings kaum anzunehmen, dass sie wahr sind. Seit Anbeginn der Zeit ist es mancher Leute Gewohnheit, einem, der einmal ein Kläpperle hat, zehn und hundert anzuhängen – denn das lenkt von dem Getöse ab, das sich aus dem eigenen Schlund Bahn erbricht.

Eine Klinikpackung der eigenen Medizin

Von einem fahrenden Schüler und was er von Schwabenstreichen erfahren

In der nächsten Herberge, in der die sieben Schwaben übernachteten, trafen sie einen fahrenden Schüler an. Als sie ihn fragten, was er für ein Landsmann sei und was er auf Reisen tue, gab er zur Antwort, er heiße Adolphus und sei ein geborener Schwabe. Er habe viele Jahre im Norden studiert und ziehe nun im Süden umher, um Geschichten von den bekannten Schwabenstreichen zu sammeln, welche er dann in den Druck gehen lassen wolle. Der Seehas sagte, er solle nur mit ihnen kommen, dabei würde er mehr als genug erfahren. Der Spiegelschwab aber raunte dem Allgäuer ins Ohr, er solle den Schüler schon bald die Streiche fühlen lassen. Der Allgäuer nickte,

meinte aber, man dürfe die Gelegenheit nicht vom Zaun brechen, sie werde sich schon finden. In der Tat – sie fand sich bald.

Nachdem man zu Abend gegessen hatte, legten sich alle auf die Streu und der Allgäuer kam neben dem Studenten Adolphus zu liegen. Ehe sie einschliefen, sagte der zu ihm, er solle sich nicht erschrecken, wenn er des Nachts mit der Faust umher schlage. Es sei bloß eine Disputation und habe nichts zu bedeuten. Der Allgäuer erwiderte, disputieren sei nichts Unrechtes. Er selbst disputiere auch oft im Traum, und zwar mit seinen Ochsen, wenn sie nicht vorwärts wollten. In der Nacht kam dem Studenten Adolphus offenbar tatsächlich das Disputieren in den Kopf – und in die Faust. Er fuchtelte und gebärdete sich so hitzig, dass er dem Allgäuer auf die Nase schlug. Derart unsanft geweckt, dachte er, der Schüler habe sicher schwere Träume, die müsse man ihm wohl vertreiben, wenn Ruhe sein solle. Der Allgäuer fand eine Geißel, die an der Wand hing und schnalzte gleich lustig auf den Studenten Adolphus los, seinen Ochsen dirigierend:

»Hott, Bräunle! Wist, Bläsle! Hi, hott, wist!«

Dabei hieb der Allgäuer aus vollem Arm kreuz und quer, als gelte es, ein Rennen zu gewinnen. Der Student schrie Zeter und Mordio, aber der Allgäuer tat, als ob er träume. Schon bog man auf die Zielgerade ein und er trieb seinen Ochsen immer mehr an, indem er die Geißel umkehrte und mit voller Kraft austeilte. In seiner Bedrängnis wusste Adolphus weder ein noch aus, doch plötzlich sah auch er die Zielflagge, riss ein Fenster auf und rannte, so schnell er konnte – der Allgäuer hinter ihm her, dass er ihm noch eine Saftige als Wegzehrung verpassen konnte. Nach diesem Tag hatte der Student Adolphus also einiges von den Schwabenstreichen erfahren, aus erster Hand und am eigenen Leib. Niemand weiß jedoch, ob er auch alles ordentlich in sein Buch eingetragen hatte.

»Du Stupfer, du Hauser
Du Rupfer, du Zauser
Du Lecker, du Lauser
Du Schlecker, du Mauser
So soll es dir geh'n
Recht ist dir gescheh'n
So soll es dir gehen.«

›Du hast mehr Väter als Brüder.‹

Wie der Spiegelschwab einen Tiroler foppt und von ihm wieder gefoppt wird

Freiburg gegen Stuttgart, Nord gegen Süd, West gegen Ost – was wäre die Menschheit ohne ihre geliebten Rivalitäten? Friedlich? Produktiv? Oder muss man auch heute noch ständig auf Standortsicherung bedacht sein, dass bloß keiner auf den übervollen Teller starren kann und auf die Idee kommt, sich selbst einmal satt essen zu wollen? Wer Konkurrenz als Triebfeder für den wirtschaftlichen Hobel sieht, nimmt die Späne in Kauf, schreibt sie steuerlich ab und kauft sich Ellbogenschoner.

Die sieben Schwaben hatten in einer Herberge nahe Bad Waldsee übernachtet. Dort war auch ein Tiroler zugegen, der mit Theriak und Schneeberger handelte. Die Tiroler galten als nicht so dumm, wie sie stets zu tun schienen, sondern sie hatten es angeblich faustdick hinter den Ohren. Wenn andere Schimpf und Glimpf mit ihnen spielten, wenn andere Trumpf ansagen, erwidern sie ›Stich!‹

Und so geschah es, dass der Spiegelschwab den Tiroler aufziehen wollte und fragte, welcher Dialekt der feinere sei, die schwäbische oder die Tiroler Sprache? Der andere gab zurück, die Tiroler Mundart sei wie Seide und die schwäbische wie grobes Tuch.

Weiter fragte der Spiegelschwab, wenn ein Schwabe und ein Tiroler beisammen seien, wer von ihnen wohl der Dümmste sein möge? Einer um den anderen, sagte der Tiroler. Darauf fragte der Spiegelschwab, wann denn die Tiroler anfingen, gescheit zu werden? Der Tiroler sagte, die Schwaben, so sage man, würden im vierzigsten Jahr gescheit und die Tiroler im fünfzigsten – allerdings holten die Tiroler die Schwaben bald wieder ein. Immer weiter foppten sie einander und blieben trotzdem beide gute Freunde – woraus hervorgeht, dass die Schwaben Spaß vertragen können, wenn es mit gutem Willen geschieht. Vor dem Abschied sagte der Spiegelschwab zum Tiroler:

»Lass dir meinethalber noch ein Käntle Branntwein einschenken.«

Das tat der Tiroler, trank ihm Gesundheit zu und sagte:

»Dank für die Bezahlung.«

Also musste der Spiegelschwab der Ehre halber zahlen und war wieder der Gefoppte.

Stets war das als »Foppen« getarnte Auskundschaften ein Vorspiel zum Machtspiel, stets wurde die eigene Stärke demonstriert, grundlos, aus Langeweile, oder aus Freude am Piesacken. Jedes Mal wurde ohne Anlass ein Miteinander zu einem Gegeneinander.

Was in Zeiten schwarzer Monolithen eine Notwendigkeit zum Überleben war, ist seit mehr als hundert Jahren vom Fortschritt überholt. Dahinter hupen die Zurückgebliebenen lieber, anstatt sich an der Tankstelle Bibliothek gratis, aber nicht umsonst besseren Sprit einzuverleiben. Dieses Hupkonzert bedeckt das Land mit immer neuen Wellen, damit der Klügere gefälligst nachgebe, oder um jeden Preis mit Waffen aufrüste – oder sonst.

Schwabendavid gegen Goliath

Von einem Heldenstück, das der Blitzschwab getan

Als die sieben Schwaben am nächsten Tag ihres Weges weiterzogen, sahen sie von Ferne die hohe Waldburg auf ihrem Tannenberg liegen. Der Blitzschwab fragte den Seehas, wer dort im Schloss wohne. Der Seehas antwortete, es hause droben ein gewaltiger Riese und erzählte den Gesellen lang und breit von dem Ungeheuer, sowie von dem Unheil, das es schon in der Gegend angerichtet habe – und doch war alles, was er sagte, ganz und gar erlogen, obgleich er selbst steif und fest daran glaubte. Der Blitzschwab fragte ihn, ob sie auf ihrem Weg an jenem Berge vorbeikämen. Der Seehas antwortete, nein, er brauche sich nicht zu fürchten. Potz Blitz, dachte der Blitzschwab. Ein Kerl wie ich, sich fürchten?

Während die Gesellen schliefen, machte er sich alleine auf den Weg zur Waldburg. Der Riese lugte soeben über die hohe Ringmauer, wie unsereins zur Dachluke hinausschaut. Sein Kopf schien so groß wie die Scheibe eines Vollmonds im Aufgang und schwarze, struppige Haare hingen ihm vom Scheitel herab. Er knabberte an einem Kalb, als sei es eine Lerche und zermalmte die Knochen, als wären es Zuckerstriezel. So sehr mit seiner Mahlzeit beschäftigt, bemerkte er das Männchen nicht, welches sich wie ein Wiesel den Weg durch das Gesträuch bahnte. Immer näher kam der Blitzschwab, sprang mir nichts, dir nichts keck auf den Riesen zu, umfasste eines seiner Beine und kletterte daran hinauf, wie ein Eichkätzle auf einen Tannenbaum.

Jeder weiß bekanntlich, dass Riesen sich vor nichts mehr fürchten als vor Kröten, genau wie sich Löwen und Elefanten vor dem Mäuschen fürchten. Eine solche Kröte, so glaubte der Riese, hänge nun an seinem Bein. Voller Schrecken lief er davon, hetzte hin und her, auf und ab, zappelte und schlenzte und konnte sich des Scheusals doch nicht entledigen. Plötzlich stolperte er und fiel hart zu Boden. Halb tot vor Angst ächzte und stöhnte er, als er fühlte, dass die Kröte immer weiter über den Leib hinaufkroch. Schon saß sie ihm auf dem Genick, der Riese verlor die Besinnung und unser Held schnitt ihm gemächlich den Kopf ab.

Eine Fantastilliarde Narrengold

Vom Spiegelschwaben und wie er einen Schatz findet

Missgünstige Leute, die von Schwaben nichts Gutes halten und ihnen alles Böse nachsagen, erzählen das Unfassbare: Der Blitzschwab habe das Abenteuer mit dem Riesen nur geträumt. Furchtsame Leute seien nur tapfer, wenn sie schliefen. Wahrhaftig und gewiss ist jedoch, was der Spiegelschwabe geträumt hatte. Er erzählte es seinem Freund und Schlafgesellen, dem Blitzschwaben, und dieser befand, es sei wirklich so gewesen, wie jener gesagt hatte.

~~~

Der Teufel war dem Spiegelschwaben erschienen und führte ihn auf einen Acker, um nach einem Schatz zu graben. Als er viel Gold gefunden hatte, sprach der Teufel, noch sei es ihm nicht erlaubt, den Schatz zu nehmen. Er solle die Stätte mit einem Zeichen markieren, dass er sie später wieder finden könne. Der Spiegelschwab fragte, was für ein Zeichen er machen solle und der Teufel antwortete:

»Tu' hin!«

Und nachdem der Spiegelschwab getan wie geheißen, erwachte er.

Aus dieser Geschichte sei zu lernen, dass man sich auf höllische Künste – wie das Wahrsagen, Schatzgraben oder Bannen – nicht einlassen solle, weil in solchen Dingen der böse Geist sein Unwesen treibe. Der aber lohne nur mit Schaden und Schanden, wie es durch das Beispiel des Spiegelschwaben gezeigt wird.
~~~

Ein kleines Wörterbuch: Schwäbisch – Deutsch

Albus m., von albus, lat.: weiß; eine seit dem Spätmittelalter im Rheinland und auch in Schwaben gebräuchliche Münze.

Allgäu n., in der BRD ungefähr das Land zwischen Bodensee, Donau und Lech. Vermutlich eine Zusammenziehung des althochdeutschen alb: Berg, Bergwiese, und des mittelhochdeutschen göu: (Gau): Landschaft, Gegend.

Balbiererbecken n., von Barbierbecken; früher waren Barbiere auch als Wundärzte, Krankenpfleger oder -wäscher beschäftigt.

Bannwart m., der Wärter, Hüter eines Gebietes, (z.B. eines Gehölzes, Bannholzes), dessen Benutzung nur dem Besitzer zusteht. Vgl. Eschhay.

Batzen m., historische schweizerische und süddeutsche Münze.

Beiten, von warten, harren; auch leihen, borgen.

Brät n., Fleisch, das Fleischige, Mett; auch derb: das fleischige Hinterteil.

Bräu m., der Brauer (wie Bäck = Bäcker, Wart = Wärter, u.a.).

Brente f., der Bottich, die Kufe, das Schaff.

Büchel m., auch: Bühel = kleine Anhöhe, Hügel(chen).

Bünkel (Pünkel) m., erhobener, hervorragender Teil; bauschige Masse, Bund, Bündel.

Bütsche f., größeres, hölzernes Trinkgefäß.

Butzemann m. vermummte Person, (Fastnachtsbutz), Kobold, Knecht Ruprecht.

Bygost! Ausrufformel; verkürzt aus: bey Gott! Das Schibboleth der Allgäuer.

Dachtel f., Ohrfeige.

Däsig adj. und adv., kleinlaut, zahm, unterwürfig.

Dennest adv., dennoch.

Digen, gedigen, von deihen, dichter werden, austrocknen; geräuchert.

Drangeld n., Angeld, Handgeld, Arrha, Naturalrabatt.

Dreibätzner m. ein Viergroschenstück. Der Schwabe zählt, wie der Schweizer, meistens nach Batzen.

Ein Ding (es ist), gleich viel.

Eisen plur., die Fesseln; (übertragen: das) Gefängnis.

Eschhay, m. der Flurschütz; aus Esch, Zelge, ***Flur***, und ***Hay***, Hüter (dieses von haijen, haigen). Vgl. Bannwart.

Fachsen (Faxen) plur., spaßhafte Einfälle, Scherzreden, Possen.

Fäsig adj. und adv., dünn stehend, selten, rar; zunächst vom Getreide.

Fastnachtsbutz m., Narr, Verkleideter; s.a. Butzemann.

Fatzvogel m., der Possenreißer, (wie Speivogel, Spötter). Vgl. Fachsen.

Fazinetle n., Diminutiv von Fazinet, von ital.: fazzoletto, das Taschentuch.

Fetzenkerl m., großer, unförmiger Mensch; sonst auch Enz-Kerl; s.a. Fetzensau: großes Schwein.

Flarren, laut und heftig weinen.

Föhl f., im Allgäu: Mädchen, Tochter.

Fraiß f., konvulsivischer Zustand; auch neudt.: Fratzengulasch.

Fuhr f., Benehmen, Betragen, Aufführung; auch: Unfuhr, üble Aufführung, eine Szene machen, Skandal.

Furchenphilosoph m., Neologismus für: Bauer, Landwirt, Ackersmann.

Gaudi f., lat.: gaudium = lustige Unterhaltung, Jux.

Gefriß n., derb für Mund, Gesicht, Miene, Fresse.

Gispel m., flatterhafter, unachtsamer Mensch. Vgl. Schliffel.

Glitzen, glitzern, glänzen, schimmern, funkeln, scheinen.

Grattel f., der Schritt, die Scheide der Beine. Daher gratteln v. die Beine auseinander sperren, schwerfällig gehen.

Grattlings adv. wie rittlings, stehlings, gehlings, d.h. im Zustande des Reitens, usw.

Grind m., verächtlich f. Kopf, Schädel. Vgl. Schwelles.

Grindten m., ein hoher Vorberg im Allgäu.

Häfen, pl. von ugs.: der Topf, der Kochtopf; aber auch: Kinder- oder Nachttopf.

Halt, Füllwort, wie: ja, gar, also.

Hag m., Stier, Zuchtstier; hiervon im übertragenen Sinne: das Befruchtende, Erzeugende, Dominierende, Herrschende; auch in ironischer Bedeutung.

Hapus, eine der vielen Bezeichnungen, welche die Mundart für »Rausch« aufzuweisen hat.

Häß n., auch: Häs, die Kleidung. Verwandt mit Hosen, in weiterer Bedeutung: Hülle.

Häßenfleisch n., Hasenfleisch.

Heinen, weinen; anderswo: hienen, zumal von Hunden.

Hemat n., das Hemd (mit Zierat und Zierde).

Heuren, Stammwort: Heurath, heurathen, heiraten.

Hirnkasten, fig. f. Schädel. Kasten heißt im Oberdeutschen auch der Raum unter dem Dach (sonst auch Boden genannt), meistens zur Aufbewahrung des Getreides bestimmt.

Hores Mores, Verballhornung von lat. mores = Sitten, vielleicht eine Anlehnung an Küchenlatein, ähnlich wie Hokuspokus.

Huischel m., das Füllen, Fohlen.

Hüst! Lenkwort für Zugvieh, um es nach der linken Seite zu leiten; Gegenteil von hott!

Hy! Treibwort für Zugvieh.

Janker m. kurzes Oberkleid, Jacke.

Just (juste) eben, genau, recht.

Kalfakter m., Müßiggänger, Taugenichts (ursprünglich von calefactor = Ofenheizer); kalfaktern = müßig gehen.

Känntle, Diminutiv von Kanten, Kanne, Kännchen.

Kappel f., die Kapelle (wie Spittel = Spital).

Käste f., die Kastanie.

Käther, weiblicher Taufname für Katharina.

Kauzen m., (bayrisch: Küenzen) Fettansatz unter dem Kinn. Den Kauzen einem streichen, ihm schmeicheln, zärtlich tun.

Keiche f., finsteres Gemach, Kerker.

Kirbe f., Kirchweih, Kirmes; auch: andere Aussprache für Kerbe.

Kläpperle n., Diminutiv von Klapper. Einem ein Kläpperle anhängen = ihn dem Spott preisgeben.

Knöpfle, Diminutiv von Knopf, kleine Mehlklöße.

Kog m., eig.: Aas; fig. ein niedriges Schimpfwort.

Krätten m., der Korb; von altdt.: cratto.

Krättenwagen m., ein Korbwagen.

Kurasche f., von frz.: courage.

Lalle m., derb: unzuverlässige, schluderige Person (Schweiz: Löli).

–le, Diminutiv-Form, vermutlich entstanden aus -lein, wie in Schweiz: lin, li, oder Bayern: 'l. In Schwaben als syntaktische Variable hauptsächlich an Hauptwörter, aber auch, zumal in der Kindersprache, an alles andere angehangen: z.B. achele! st. ach; wägerle st. wäger, wahrhaftig.

Leible n., das Leibchen, die Weste.

Losen, horchen, lauschen.

Lugen, sehen, schauen, lauern. Lugen und losen galten (laut Aurbacher) insgeheim als Schibboleth der Schwaben.

Lyrant m., Leyermann, Spielmann.

Mämmeli, schweiz.: Mütterchen.

Menbub m., leitet das Zugvieh vor dem Pflug; von: menen (franz.: mener), leiten, führen.

Mir nichts, dir nichts, ohne Rücksichten, ohne Umstände.

Morixeln, Verballhornung von lat.: mori = sterben; verrecken, abkratzen.

Mollen m., Stier, Ochse; deutet das Fleischige, Fette, Mollige am Tier an. Daher auch fig.: Schmerbauch. Vgl. Hag.

Mütterle, ein altes Weibchen. (Für Mutter in engerer Bedeutung lautet das Diminutiv Mutterle; so wie auch zwischen Väterle und Vaterle u. dgl. unterschieden wird.)

Nesteln, Nestelband, früher oft Alternative zu Knöpfen

Niederträchtig adj. und adv. herablassend, leutselig. Im Gegensatz zu hochfahrend, hoffärtig.

Pfnausen, schnauben, keuchen, schwer atmen.

Ploderer m., Schwätzer, Plauderer, Lügner.

Potz Blitz! Ausruf, Fluchformel, vermutlich entstanden aus »Gottes Blitz!« Vgl. Bygost.

Progeln, groß tun, prahlen.

Räß adj. und adv. dem Geschmack nach beißend, scharf.

Reich n., im eingeschränktern Sinn: Schwabenland. Daher ein Reichler – ein Schwabe.

Ries n., die weite, flache, fruchtbare Gegend um Nördlingen.

Ritt f., das kalte Fieber; »dass dich die Ritt schütt'!« = dass dich das kalte Fieber packe, schüttele!

Röhren, überlaut und heftig weinen.

Runkunkel f., dicke, hässliche Frau; Elfe, Wuchtbrumme, stramm im Strumpf.

Schabab, armer, verächtlicher oder verachteter Mensch. Verwandt mit Schuft von schieben = der Ausgeschobene, Ausgestossene, der Auswurf, so Schabab = der Abgeschabte

Schimpfeln, scherzen, spielen, tändeln.

Schlenzen, wegschlenzen, schleudern, wegwerfen.

Schliffel m. ein schlauer, abgeschliffener Mensch.

Schnaufer m., der Atem.

Schneeberger m., auch: Bergsucht, veraltete Bezeichnung für eine Form des Lungenkrebses, ausgelöst durch stark toxische Stoffe (z.B. beim Bergbau) wie Wismut-, Kobalt-, Nickel- und Uranerze.

Schubet f., die Rinde, die Kruste von Speisen, die sich am Kochgefäß ansetzt.

Schwelles m., ugs. für Kopf, Schädel, Gehirn(s) kasten.

Stät adj. und adv. sachte, leise, langsam, sanft, still.

Strählen, kämmen, bürsten.

Strauß m., Kampf, Auseinandersetzung, Streit.

Strolch m., Landfahrer, Landstreicher.

Stuir f., Steuer, Abgabe.

Theriak m., von lat.: theriaca = Gegengift. Eine im Mittelalter weit verbreitetes »Wundermittel« gegen z.B. Schlangenbisse, meist stark opiumhaltig.

Üchse f. Achsel(höhle), aber auch derb: Vagina.

Wälscher, m., einer, der italienisch, französisch oder überhaupt eine fremde Sprache spricht; einer, der undeutlich redet.

Zottlets, von f., die Zottel(n), zottelig (mit Zierrat und Knöpfen, Bändern, etc. versehen), in positiver oder negativer Bedeutung.

Zwickele n., keil- oder rautenförmiges Stück Stoff, das in eine Naht eingesetzt wird.

Geheimnisvolle Orte in Bayern, was geschah wo?

Seite	*Titel*	*Ort*
118	»Hott bedeutet ...«	Überlingen
119	Wer den Schaden ...	Bopfingen
121	Zwei Mägen ...	Nördlinger Ries; Lechfeld
122	»Was ich heut' ...«	Meitingen
123	»Gott verlässt ...«	Memmingen
124	Am Tod gestorben	[4–5 Stunden hinter Augsburg]
125	»Hy, Ochs'!«	(Naturpark) Stauden
126	Menschliche Balz ...	Schwabeck
128	Bayern München ...	Mindelheim; Auerbach (Horgau); München
129	Lichtgestalt in ...	[Schwaben]
130	Bis über die ...	[Schwaben]
131	Den Memminger ...	Nahe Memmingen
132	»Mir dampft ...«	Memmingen
133	Bis das der ...	Memmingen
134	An gute Kehlen ...	Memmingen
136	›Ich geh' ...‹	Nahe Leutkirch
138	Auch ohne ...	[Schwaben, nahe der Iller]
138	»Hier schwabe ...«	[Schwaben]
140	Richter und ...	Kronburg
141	Wo Milch und ...	Kronburg
142	Stiernacken ...	Leutkirch
143	»Eins, eins ...«	[Schwaben]
144	Eine Klinikpackung ...	[Schwaben]
146	›Du hast mehr ...‹	[Schwaben]
147	Schwabendavid ...	Tannenberg (Burggen)
148	Eine Fantastilliarde ...	[Schwaben]

Literatur- und Quellenverzeichnis

Aurbacher, Ludwig: Ein Volksbüchlein. Band 1. Leipzig 1878/79
Bechstein, Ludwig: Der Sagenschatz des Frankenlandes. Würzburg 1842
Bechstein, Ludwig: Deutsches Sagenbuch. Leipzig 1853
Bechstein, Ludwig: Deutsches Sagenbuch. Meersburg und Leipzig 1930
Bechstein, Ludwig: Hexengeschichten. Halle 1854
Binder, Wilhelm: Schwäbische Volkssagen, Geschichten und Mährchen, Band 1. Stuttgart 1845
Binder, Wilhelm: Schwäbische Volkssagen, Geschichten und Mährchen, Band 2. Stuttgart 1845
Diemmer, J.: Geschichten aus dem Ammergau gesammelt von J. Diemmer. München 1850
Englert, Franz Josef: Franz J. Englert's Berchtesgadner Mährchen. Salzburg 1851
Fischart, Johann: Affentheurlich Naupengeheurliche Geschichtklitterung Von Thaten vnd Rathen der ... Helden vnd Herren Grandgusier Gargantoa vnd Pantagruel ... Etwan von M. Frantz Rabelais Frantzoesisch entworffen ... inn einen Teutschen Model vergossen. Straßburg 1582
Goethe, Johann Wolfgang von: Sämtliche Werke. Briefe, Tagebücher und Gespräche. Frankfurter Ausgabe in 40 Bänden, einschließlich der amtlichen Schriften und der Zeichnungen, mit Kommentar und Registern. Frankfurt am Main 1985 ff.
Grabbe, Christian Dietrich: Werke und Briefe. Band 2. Emsdetten 1960-1970
Grässe, Johann Georg Theodor: Sagenbuch des Preußischen Staates 1–2. Glogau 1866-71
Grimm, Jacob und Wilhelm: Deutsche Sagen – Vollständige Ausgabe: mit den Illustrationen von Otto Ubbelohde. Köln 2014
Gryphius, Andreas: Horribilicribrifax Teutsch. Stuttgart 1976
Gumpelzhaimer, Christian Gottlieb: Regensburg's Geschichte, Sagen und Merkwürdigkeiten von den ältesten bis auf die neuesten Zeiten, in einem Abriß aus den besten Chroniken, Geschichtbüchern, und Urkunden-Sammlungen, dargestellt; Erste Abtheilung: Vom Ursprunge Regensburgs bis 1486. Regensburg 1830
Gumpelzhaimer, Christian Gottlieb: Regensburg's Geschichte, Sagen und Merkwürdigkeiten von den ältesten bis auf die neuesten Zeiten, in einem Abriß aus den besten Chroniken, Geschichtbüchern, und Urkunden-Sammlungen, dargestellt. Zweite Abtheilung: Vom Jahre 1486 bis 1618. Regensburg 1837
Gumpelzhaimer, Christian Gottlieb: Regensburg's Geschichte, Sagen und Merkwürdigkeiten von den ältesten bis auf die neuesten Zeiten, in einem Abriß aus den besten Chroniken, Geschichtbüchern, und Urkunden-Sammlungen, dargestellt. Dritte Abtheilung: Vom Jahre 1618 bis 1790. Regensburg 1838
Gusset, H.: Die Alpenwirthschaft in ihrem ganzen Umfange und darauf bezügliche Urkunden und Sagen Von H. Gusset. Bern 1869
Hauff, Wilhelm: Sämtliche Werke in drei Bänden. Band 2. München 1970
Heine, Heinrich: Werke und Briefe in zehn Bänden. Band 5. Berlin und Weimar 1972
Immermann, Karl: Werke. Herausgegeben von Benno von Wiese, Band 3. Frankfurt/Main, Wiesbaden 1971-1977
Kerner, Justinus: Werke. 6 Teile in 2 Bänden, Band 1. Berlin 1914

Mann, Horace Kinder: »Pope St. Leo III«. In Herbermann, Charles (ed.). Catholic Encyclopedia. Vol. 9. New York 1910
Mayer, Joseph Maria: Das Bayern-Buch Geschichtsbilder und Sagen aus der Vorzeit der Bayern, Franken und Schwaben. München 1869
Meier, Dr. Ernst: Deutsche Volksmärchen aus Schwaben. Aus dem Munde des Volks gesammelt und herausgegeben von Dr. Ernst Meier, außerordentlichem Professor der morgenländischen Sprachen an der Universität Tübingen. Stuttgart 1852
Mörike, Eduard: Werke und Briefe. Historisch-kritische Gesamtausgabe in 28 Bänden. Stuttgart 1967 ff
Müller, Adalbert, [Herausgeber]/Müller, Franz Xaver [Herausgeber]: Sagen und Legenden der Bayern in einer Reihenfolge von Romanzen und Balladen. Regensburg 1833
N.N.: Die Sagen des Untersberges. Reichenhall 1862
N.N.: Edelweiss – Blüthen Sammlung von Sagen aus Reichenhall und seiner Umgebung in oberbayrischen Dialekte. Reichenhall 1868
Panzer, Friedrich: Bayerische Sagen und Bräuche Beitrag zur deutschen Mythologie. München 1848
Panzer, Friedrich: Bayerische Sagen und Bräuche Beitrag zur deutschen Mythologie, 2. Band. München 1855
Reiser, Karl A.: Sagen, Gebräuche und Sprichwörter des Allgäus, aus dem Munde des Volkes, Bd.: 1. Kempten, 1895
Reiser, Karl A.: Sagen, Gebräuche und Sprichwörter des Allgäus, aus dem Munde des Volkes, Bd.: 2. Kempten, 1895
Scherr, Johannes: Sagen aus Schwabenland. Reutlingen 1836
Schönwerth, Franz Xaver von: Aus der Oberpfalz – Sitten und Sagen, Band 1. Augsburg 1857
Schönwerth, Franz Xaver von: Aus der Oberpfalz – Sitten und Sagen, Band 2. Augsburg 1858
Schönwerth, Franz Xaver von: Aus der Oberpfalz – Sitten und Sagen, Band 3. Augsburg 1859
Schöppner, Alexander: Sagenbuch der Bayerischen Lande aus dem Munde des Volkes, der Chronik und der Dichter, Band 1. München 1852
Schöppner, Alexander: Sagenbuch der Bayerischen Lande aus dem Munde des Volkes, der Chronik und der Dichter, Band 2. München 1852
Schöppner, Alexander: Sagenbuch der Bayerischen Lande aus dem Munde des Volkes, der Chronik und der Dichter, Band 3. München 1853
Trautmann, Franz: Die Altmünchner Wahr- und Denkzeichen, Geschichten und Anekdoten aus München. München 1864
Uhland, Ludwig: Alte hoch- und niederdeutsche Volkslieder. Liedersammlung in 5 Büchern. 2 Bände. Stuttgart und Tübingen 1844-1845
Uhland, Ludwig: Uhlands Schriften zur Geschichte der Dichtung und Sage. Sechster Band. Stuttgart 1868
Uhland, Ludwig: Sagenforschungen. Stuttgart und Augsburg 1836
Wolf, Johann Wilhelm: Niederländische Sagen. Leipzig 1843
Wüstendörfer, Georg: Wanderungen durch Fürth. Fürth 1898

Ebenfalls im Regionalia Verlag erschienen:

ISBN 978-3-95540-384-3

ISBN 978-3-95540-372-0

ISBN 978-3-95540-360-7

ISBN 978-3-95540-381-2

Jeweils 160 Seiten • 16,5 × 19,8 cm • Hardcover